久しぶりに、誰かを呼んでみようと思った

「食器洗いの道」が通れば、
食生活が豊かになる
After
Before

「過去」を振り返る部屋から「今」を生き、「未来」を思い描く部屋へ

テーブルとは、
部屋の「ステージ」である
After
Before

部屋を活かせば
人生が変わる

夜間飛行

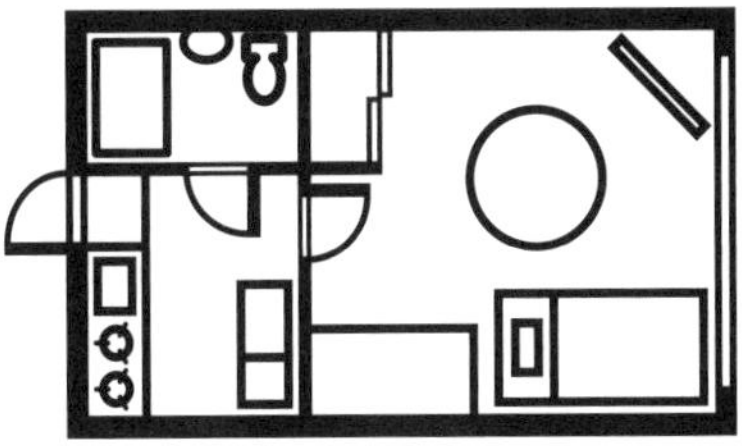

部屋には、
人生を変える力が
あります。

あなたがこれから
どんな人生を送るのか。
そのすべては、
あなたの部屋に
かかっています。

Q

あなたはいま、
どんな部屋に
暮らしていますか？

この3日間、
掃除機を
かけていない

シーツを
1週間以上
交換していない

シンクに
汚れた食器が
たまっている

本棚には
ギッシリと
本が詰まっている

ひとつでもあてはまるなら、
あなたの部屋は、
あなたの人生の邪魔をしています。
すぐに部屋を変えましょう。

しかし、
勘違いをしては
いけません。

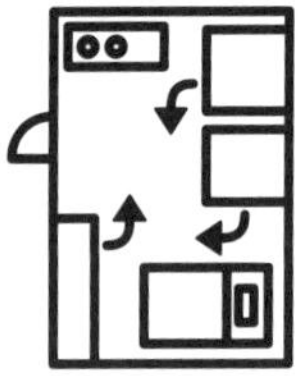

変えるのは
「部屋」であって、

「あなた」では
ありません。
なぜなら……

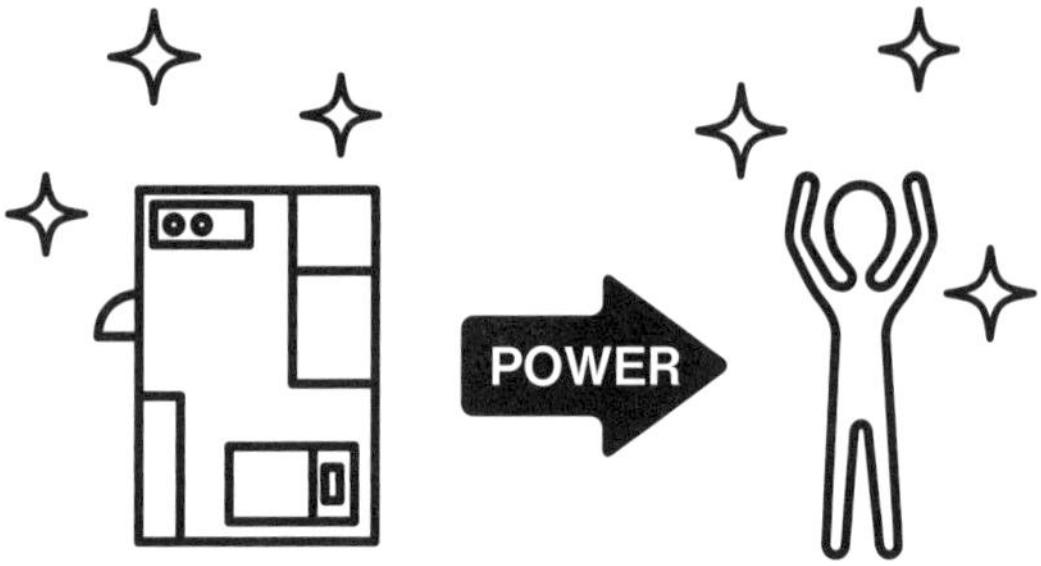

部屋が変われば、
あなたの意思は
自然に強くなり、
眠っていた能力が
引き出されてくるからです。

本書で紹介するのは、
片づけ術や整理法、掃除術ではなく、
「部屋を活かす方法」です。

では、
「部屋を活かす」には
どうすればいいのか？

それは……

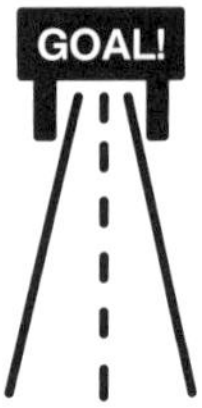

「道」が通り、
「流れ」のある部屋を
作ること、です。

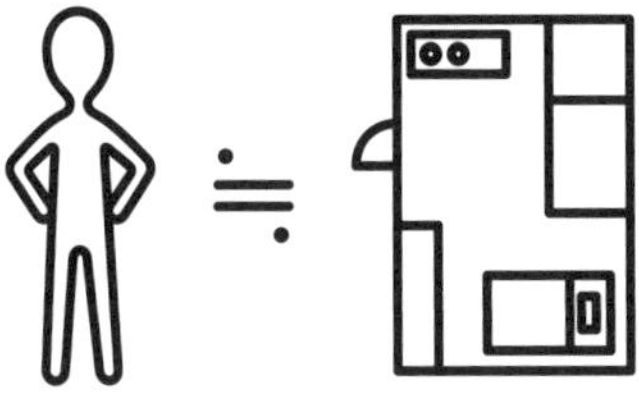

たったそれだけで、
あなたの部屋は
自然と片づくようになり、
掃除の行き届いた
美しい部屋になります。
そこであなたは気づくのです。
部屋と人生との間には、
深い関係性があることに。

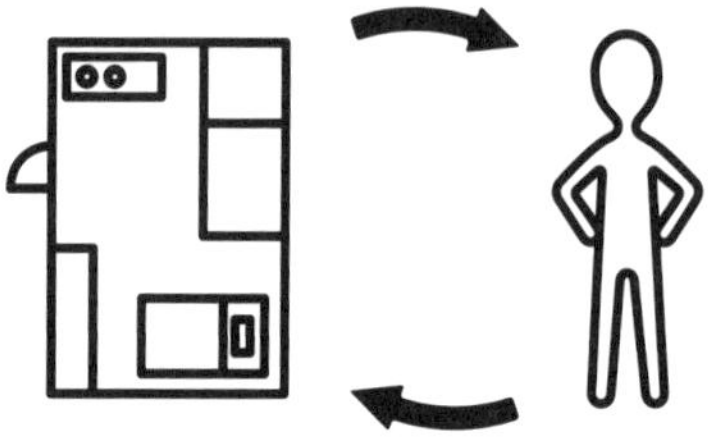

居心地の良い部屋に暮らしているからこそ
心にゆとりが生まれ、自由な発想があふれてくる。
それがさらなる幸運や成功を呼び込む。
活き活きとした部屋に住む人は、
良い循環に恵まれる。
そう。

部屋を活かせば、
人生が変わる。
〝ヘヤカツ〟（部屋活）こそが、
あなたの人生を変える
唯一の扉なのです。

はじめに　人生がうまくいく部屋の秘密

私たちは、自分の人生を変えたい、と考えます。

年収が低い。
お金が貯まらない。
友人がいない。
恋人とうまくいかない。
毎日がいまひとつ楽しくない。
体調を崩しやすい。

その人が抱える問題はさまざまですが、いずれにしても「変わりたい」と思いたった人は、変わるべく、努力をします。本を読んだり、研修に通ったり、習い事を始めたり、トレーニングに取り組んだり。

しかし、そういった努力によって本当に「変わることができる」人は、ほんのわずかです。

「自分を変える」努力が成果を結ばない理由。それは、その人自身のベースにある性格や生活習慣といった根底の部分を変えることができないからです。根底の部分が変わらなければ、知識やスキルが多少身についたところで、人生を変えるほどの劇的な変化を起こすには至らない。

そのことは、これほどたくさんのダイエット法が紹介されていてもほとんどの人がリバウンドしてしまうことや、どれほど英会話学校が増えても日本人の英語力が向上しないことを見ても明らかです。

つまり、(皮肉なことですが)「自分を変えよう」という努力では、人生を変えることはできないのです。

ではどうすればいいのか。その答えは、「部屋を変える」ことにあります。「自分を変える」のではなく、「部屋を変える」のです。

人は環境によって変わるということはよく言われますが、「部屋」というのは、その人を取り巻く環境の中でもっとも大きなウェイトを占める存在です。私たちは自分の部屋で長い時間を過ごし、身体や精神の鋭気を養います。部屋の環境によって、私たちの心身は多大な影響を受け続けているのです。

想像してみてください。例えば、あなたは一週間掃除機をかけていない部屋で寛いだり、気分よく眠ったりすることができるでしょうか？　ちょっと油断するとカビが生え、ゴキブリが登場するような部屋に恋人を呼ぶことができるでしょうか？

常にゴミや不用品にあふれた部屋に住んでいると、大切な資料がどこかに紛れ込んで見つからないといったことが起きるかもしれません。また、部屋のシーツを何週間も取り変えずに、ジメジメと湿ったままだとしたら、間違いなく体調にも悪影響を与えることでしょう。

こういう部屋に住んでいる人は、ぐっすりと眠ることができません。そのため、常に体調や気分がすぐれない。だから仕事をしてもミスを重ねてしまうし、日常生活でもイライラして人間関係を壊してしまったりするのです。

散らかったまま掃除されない部屋で過ごすのは、サイドブレーキを引いたまま人生の道を走り続けるようなものです。一刻も早く「部屋」を変える。それこそがあなたの人生を好転させるカギなのです。

人生がうまくいっている人の部屋を見れば、そのことを強く実感できるはずです。彼らの部屋は常にきちんと整頓され、掃除が行き届いています。成功者たちは、居心地のいい部屋で過ごすことによって成功をつかんでいるのです。

もしかすると、こう考えている人もいるかもしれません。「そういう人はもともと能力が高いから、キチッと整理整頓や掃除もできるんじゃないの?」「自分が今から少し片づけや掃除をがんばったぐらいで、人生が変わるとは思えない」と。

それは半分あたっていて、半分はずれた解釈です。というのも、人生がうまくいく人たちは個人的な意志や能力だけで、掃除の行き届いた部屋を維持しているわけではないからです。話はむしろ逆です。彼らは「整理整頓や掃除をしやすい部屋」を作ることによって、**人生の流れを好転させている**人たちなのです。

人間に備わった能力の個体差など、たかが知れています。**人生がうまくいく人と、うまくいかない人を分けているのは、能力ではなく、環境です。**「悪い部屋」に住む人は自分の能力に常にブレーキをかけ続け、「良い部屋」に住む人は、自分の能力にドライブをかけ続けている。つまるところ、人生がうまくいくかどうかの差はそこでついてしまうのです。

いかがですか？　だんだんと「部屋を変えてみようかな」という気持ちになってきましたか？「片づけや掃除って苦手で……」という人も、心配はいりません。本書で紹介するのは片づけ術や掃除の方法ではなく、「良い部屋」を作る方法です。もちろん、片づけや掃除は「良い部屋」を維持するために必要ですが、大切なことは努力しなくても片づけや掃除ができる「良い部屋」を作ることなのです。

「良い部屋」を作ることができれば、誰でもストレスなく掃除や片づけが進みます。結果として、部屋の環境が良くなり、仕事やプライベートの効率が上がる。「部屋を変える」ことで、そういう「良い流れ」を自ら作り出すことができるのです。

「あなた」ではなく、「部屋」を変える。

本書は「部屋を変えることによって人生を変える」ノウハウを説いた、世界で初めてのテキストです。

目次

[本書の特徴]

◎本書は「片づけ術」「掃除術」の本ではありません。部屋に「道」を通し、「流れ」を作り、活力を与える“ヘヤカツ”（部屋活）の指南書です。

◎“ヘヤカツ”を行えば、誰でも自然に快適な環境が保たれる部屋を作ることができます。

◎住む人の努力や意志を必要としないため、“ヘヤカツ”を成功させた人は部屋から活力をもらい、人生を良い方向に変えていくことができます。

[「部屋を考える会」とは?]

人は必ず変わることができる。しかしそれは並外れた才能や努力ではなく、環境によって。「部屋を考える会」は、仕事でも恋愛でも、人生がうまくいかず悩んでいる人に、部屋を変え、人生を変えていくための方法——ヘヤカツ——を伝授すべく結成された。代表は『もし高校野球の女子マネージャーがドラッカーの『マネジメント』を読んだら』の著者、岩崎夏海氏。

[本書の構成]

◉Chapter1では、“ヘヤカツ”とは何かを解説します。

◉Chapter2では、“ヘヤカツ”のノウハウを具体的に紹介します。

◉Chapter3では、“ヘヤカツ”によって変わった部屋での、快適な生活をお教えます。

◉Chapter4では、“ヘヤカツ”のアドバンス編として、より心地よい部屋作りのポイントをお教えます。

[コニタンのワンポイントアドバイス]

部屋を考える会会員“ヘヤカツ”エヴァンジェリストである小西奈々穂（通称：コニタン）から、本文では省略したポイントや、知っておくとトクする情報をご紹介します。

Chapter

1

人生を変える「ヘヤカツ」のススメ

LECTURE 01

「良い部屋」と「悪い部屋」はここが違う

きれいな部屋＝良い部屋ではありません。良い部屋と悪い部屋の違いは、そこに「道」と「流れ」があるかどうかです。

Check Point!

「ヘヤカツ」に努力はいらない

部屋は片づけなければ散らかるし、掃除をしなければ汚れていく。そんなことはみんなよくわかっています。しかし実際には「片づいて、掃除が行き届いた部屋」を維持できているのは少数派ではないでしょうか。多くの人にとって、「片づいて、掃除が行き届いた部屋」を維持することは、簡単なようで難しい課題なのです。

ではなぜ、私たちは片づけや掃除を続けることができないのでしょうか。怠け者で、だらしがないからでしょうか。それとも、仕事が忙しくて片づけや掃除にかける時間がないからでしょうか。

しかしそれは「原因」と「結果」を取り違えています。

部屋が片づかない原因は、そこに住む人ではなく、部屋自体にあるのです。

あなたが「悪い部屋」に住んでいるかぎり、あなた自身がいくら努力しても、部屋はきれいになりません。「悪い部屋」を「良い部屋」に変えないかぎり、問題は決して解決しないのです。

では、「良い部屋」と「悪い部屋」は何が違うのでしょうか。

その違いを考えるためのキーワードは**「流れ」**です。部屋の中では、さまざまものが常に動いています。住む人、ゴミ、掃除機、洗濯物、食事、洗い物……。こうしたさまざまなモノがひとつのところに留まらず、**活き活きと流れ、動き続ける部屋**、そういう部屋こそが「良い部屋」です。流れの悪い部屋では、どれほど努力をしても掃除や片づけを徹底することはできません。一方、流れの良い部屋はたいして努力をしなくても、きれいな状態を維持することができるのです。

部屋に「流れ」が生まれてくると、部屋自体が活性化してくる。そうすると、そこに住む人は自然と掃除し、片づけをするようになる。

このように「住む人が活き活きと楽しみながら掃除や片づけに取り組める部屋」を作ることを、本書では、「部屋を活性化させる」「活き活きとした部屋を作る」という意味でヘヤカツと呼びます。

ヘヤカツとは、部屋の流れを活性化させること

「ヘヤカツ」とは、部屋に「道」を通し、「流れ」を作ることです。人間は頭で考えているように見えて、実はほとんどの場合、自分の周囲の環境に影響されて行動しています。**環境（＝部屋）は人の行動を支配する。**このことは建築やデザインの分野ではもはや常識とされています。ヘヤカツは、この考え方を部屋作りに取り入れたものです。

「掃除しやすい部屋」に住めば、自然と部屋をピカピカにきれいに保つことができます。「洗濯しやすい部屋」に住めば、3日に1回シーツを取り換え、洗濯することも苦にならなくなるし、「食器洗いをしやすい部屋」に住めば、洗い物をためず、常に清潔なキッチンとダイニングで食事を楽しめるようになるのです。

ここで重要なことは、**「環境を整えれば整えるほど、努力は少なくて済む」**ということです。掃除も、洗濯も、食器洗いも、部屋を快適に保つためには必要不可欠なものですが、「流れ」のない部屋で、意志と努力でそれをやり続けるには、多大な労力

が必要となります。何とか部屋をきれいな状態に保ったとしても、そのために住む人のエネルギーを消耗してしまっては、その人は「部屋の外」で自分の力を発揮する余力がなくなってしまいます。それでは本末転倒なのです。

大切なことは、**そこに住む人が努力しなくても、きれいで片づいた状態を自然に保てる部屋を作ること**です。

洗濯・食器洗い・掃除を日常的にするのが当然としか思えないような環境を整える。それによってそこに住む人は努力することなく、片づいて、掃除の行き届いた部屋を自分の手で維持できるようになる。

これが**「ヘヤカツ」**の考え方です（**図1－1**）。

[図1-1]

これがヘヤカツだ!

従来の考え方

本人の努力と
意思で
片づけ・掃除をする

↓

やる気がなくなると
散らかる

ヘヤカツの考え方

片づけやすく
掃除しやすい
「流れのある部屋」
を作る

↓

自然と部屋が片づく

コニタンの
ワンポイントアドバイス

散らかった部屋に暮らしていると「運気」が下がる?

散らかった部屋に暮らしていると運気が下がる。これはよく言われることですが、決して迷信ではありません。大量にモノが置かれた部屋では掃除機をかけることができず、大量のホコリが舞いあがり続けています。散らかった部屋では洗濯や食器洗いも億劫《おっくう》になるでしょう。汚い空気の中、不潔なシーツや衣服に袖を通し、自炊を面倒がって外食ばかりをしていたら、健康を保つことは難しい。

それだけではありません。散らかった部屋にいると、「勘」も鈍ります。なぜなら、私たちは無意識のうちに、部屋に置かれた大量のモノやゴミ、ホコリ、汚れといったものから、マイナスの刺激を受け続けているからです。

散らかった部屋は私たちに、身心の両面でダメージを与えているのです。

「良い部屋」と「悪い部屋」を見極める

ここで、3つの部屋を紹介します。「流れ」という観点から、それぞれの部屋が「良い部屋」なのか、「悪い部屋」なのかを、自分なりに考えてみてください。

ただ、「部屋」と一言で言っても、それぞれがイメージする部屋は違います。ここではひとまず**「1LDK、38平米、夫婦二人暮らし」**をモデルケースとします。これは夫婦2人暮らしとしては標準的かやや狭めの部屋といえるでしょう。一戸建ての人はここで紹介するモデルケースよりもゆとりをもってヘヤカツに取り組むことが可能です。一方、より狭いワンルームに住む人は、何か（例えば本棚など）を部屋に置くことを諦める、といった選択が求められる場合もあります。

これを踏まえて、**図1-2**をご覧ください。これは典型的な「悪い部屋」です。

この部屋に住む人の人生がうまくいかない、ということはなんとなくイメージできると思います。でも、その理由はわかりますか？

［図1-2］
人生がうまくいかない「悪い部屋」

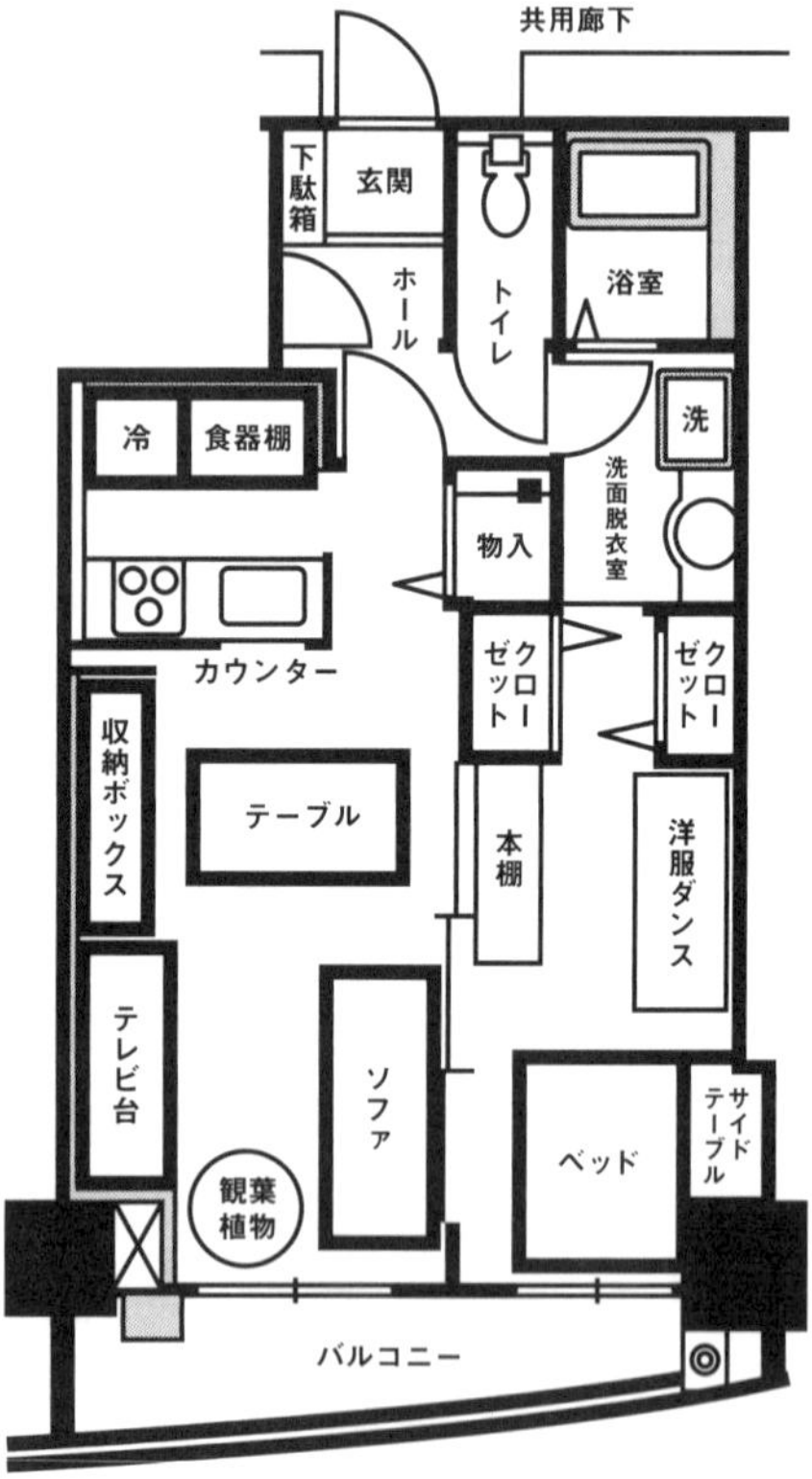

次に、**図1－3**をご覧ください。図1－2に比べると、家具の数はしぼりこまれています。ガラステーブルなどもあり、オシャレな雰囲気もありそうです。しかし実は、図1－3も「悪い部屋」です。図1－2に比べれば多少はマシと言えるかもしれませんが、同じような問題を抱えています。

最後に**図1－4**を見てください。

3つの部屋を比較すれば、ずいぶんとすっきりした印象を受けるのではないでしょうか。家具の種類や数は図1－2とそう変わりませんので、もしかすると「私は図1－2のほうが好き」という人もいるかもしれません。

しかし、そのように感じてしまうのは、あなたがまだ「ヘヤカツ」の考え方を学んでいないからなのです。

［図1-3］

これは人生がうまくいく「良い部屋」？

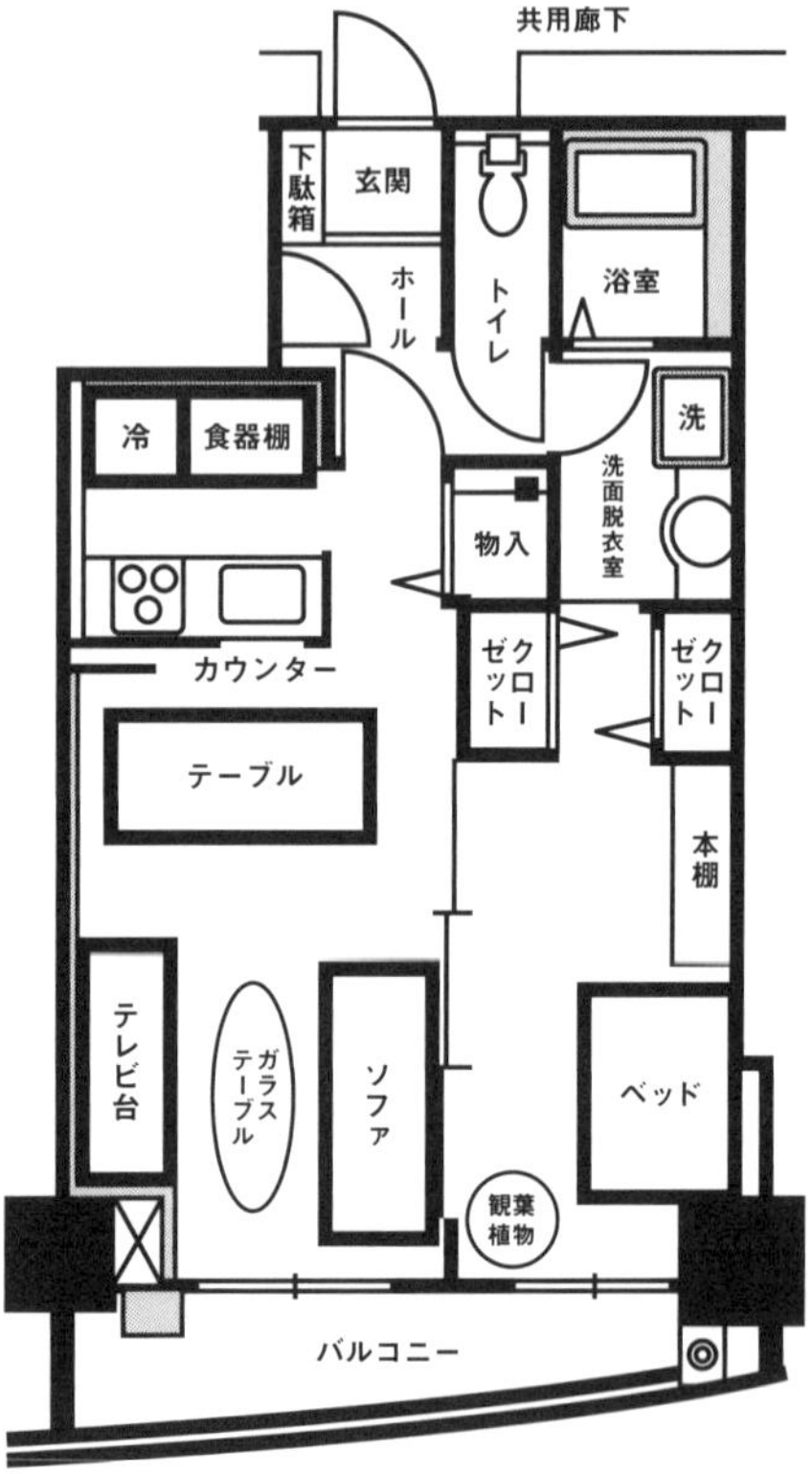

[図1-4]
これが人生がうまくいく「良い部屋」!

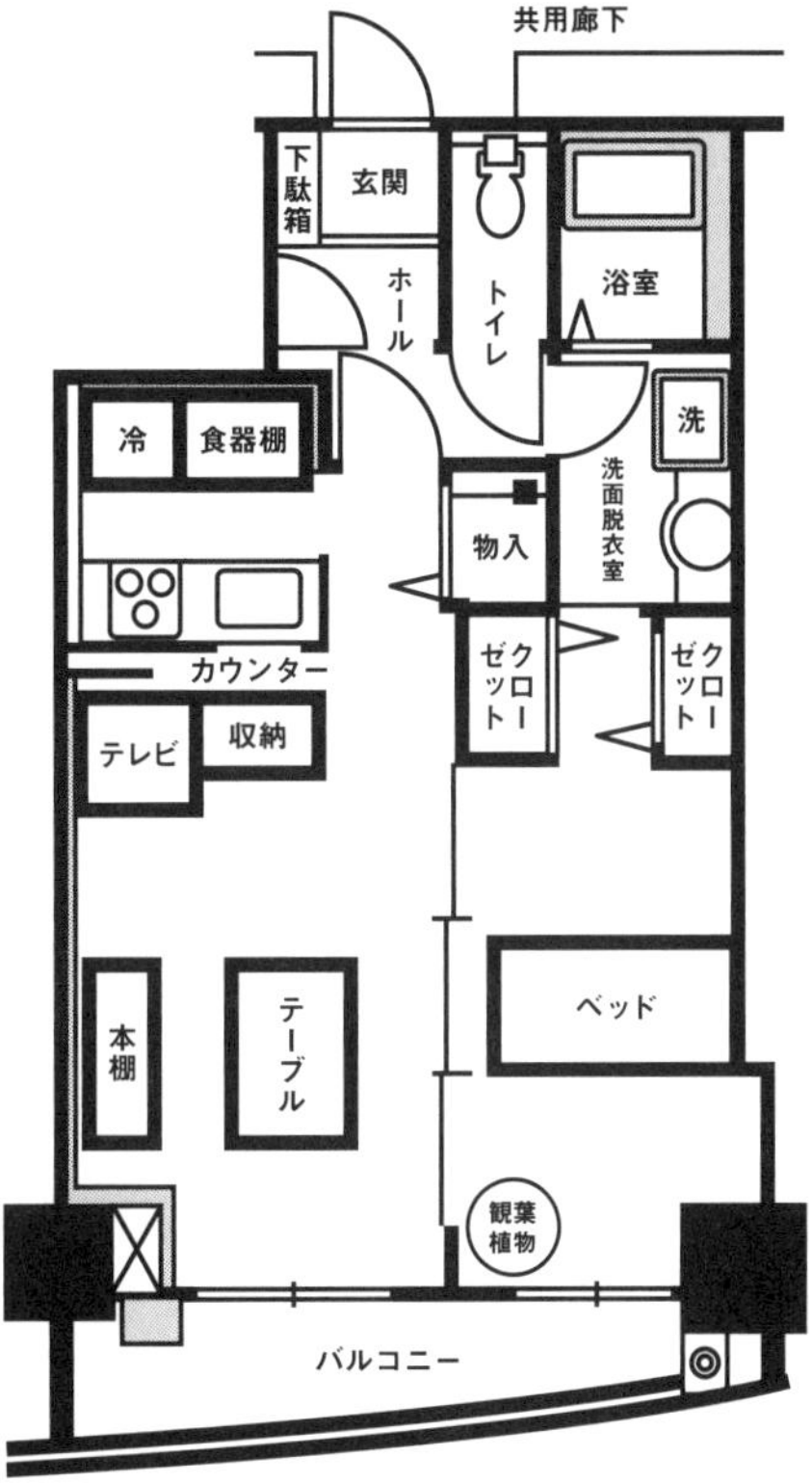

「流れ」こそが「良い部屋」の条件

図1－4の部屋が他の部屋と比べて圧倒的に良いのは、「流れ」が通っているという点です。

部屋にはそれぞれ、住む人の個性があらわれます。家具の趣味も人それぞれであれば生活スタイルも違う。そうした価値観の違いは当然、部屋にあらわれます。しかし、部屋の「流れ」は、そういった価値観の違い以前に、どんな部屋であっても踏まえておかなければならない、必要不可欠なポイントなのです。

図1－2、図1－3は、部屋として最低限必要の「流れ」が滞っています（どこが滞っているかは、後ほど解説します）。こういう部屋は、住む人の「好み」以前に、「悪い部屋」です。どうしても、そこに住む人の人生は澱《よど》み、滞ってしまうことになります。

それに対して図1－4の部屋には「流れ」がある。ヘヤカツとは、「流れ」の失われた部屋にもう一度「流れ」を取り戻し、部屋の力を活性化させることです。

コニタンの
ワンポイントアドバイス

部屋は広ければ
いいというものじゃない!

部屋は広ければ広いほどいいというわけではありません。なぜなら、部屋が広すぎることによって掃除が行き届かないということもしばしば起きるからです。「立って半畳・寝て一畳」という諺《ことわざ》もありますが、「ちょっと狭いかな」というぐらいの部屋を「良い部屋」に作りあげることは十分に可能です。逆に、広めの部屋に住んでいても、無駄に物を持ちすぎれば、そこはいつも片づいていない「悪い部屋」になってしまうのです。

問題は「広さ」ではありません。大事なのは、そこが快適な空間として機能しているかどうか、です。本書の冒頭でも尋ねましたが、もし、「3日以上掃除していない」「シーツを1週間以上交換していない」ということがあれば、いくら広い部屋に暮らしていたとしても、「悪い部屋」の危険信号と考えてください。

LECTURE 02

部屋には3つの「流れ」がある

部屋に3つの「流れ」を通すこと。それが「ヘヤカツ」のすべてです。

Check Point!

部屋に必要な3つの「流れ」

部屋の中ではさまざまなヒト・モノが絶え間なく動き、変化する。そうした「流れ」のある部屋こそ、本書の理想とする「良い部屋」です。ここで、部屋の流れを、生活の基本となる衣・食・住から整理してみます。

もっとも重要なのは「住」にかかわる流れである**「掃除の流れ」**です。掃除の流れは、掃除機が部屋中を動き回る様子をイメージするとわかりやすいかもしれません。部屋には、人が生活をしているかぎりゴミは出ますし、床や家具の上にはチリやホコリが降り積もります。掃除機は部屋中を動き回ることによってこれらを集め、ゴミとして部屋の外に排出していきます。

「衣」にかかわるのは**「洗濯の流れ」**です。私たちは毎日服を着替えます。汚れた服、あるいはベッドのシーツを定期的に洗濯し、乾燥させて、収納場所にしまう。この作業を繰り返します。

「食」にかかわる流れは、**「食器洗いの流れ」**です。食器棚から取り出した食器をテーブルの上に並べ、そこで食事をし、汚れた食器をシンクで洗い、乾かし、また食器棚に戻します。

このように、衣・食・住（本書の構成上、住・衣・食の順で紹介しましたが）それぞれの流れが、部屋の中では円を描くように、循環しているのです（**図1－5**）。

部屋の「流れ」が滞る理由

この3つの流れのどれか1つが滞ってしまうだけで、部屋は散らかり、汚れていきます。その結果、部屋に住む人の生活も乱れていきます。

掃除をしなければ、部屋は際限なくホコリっぽくなっていきます。ホコリというものは、どれだけ静かに落ち着いた暮らしをしていたとしても、必ず、一定のペースで降り積もっていきます。余計なモノを1つも買ってこなかったとしても、ホコリは積もります。そして、ホコリっぽい部屋で暮らしていれば、体調も崩しやすくなり、掃除をするのもどんどん億劫《おっくう》になっていきます。

[図1-5]
部屋の3つの流れ

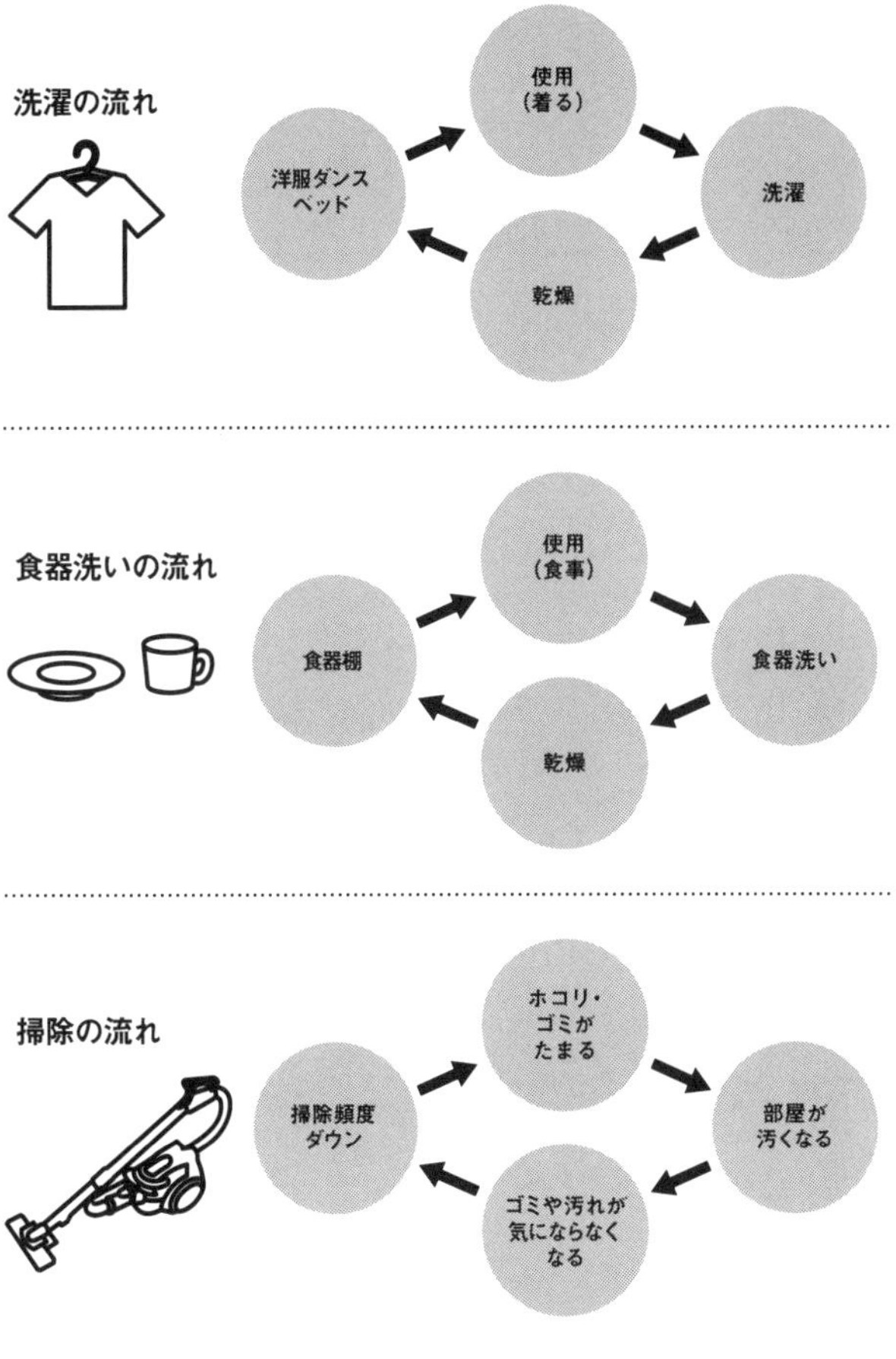

洗濯の流れが滞ると、部屋には脱ぎっぱなしの服が部屋中に散乱します。あるいは、洗濯をして、干すところまではしたとしても、その後、たたんで洋服ダンスにしまうことができずに、やはり部屋中に服が散乱することになる。そうした部屋に住む人は当然、アイロンをかけることもなく、ヨレヨレで、薄汚れた服を着て過ごすことになります。また、シーツや枕カバーを洗濯する頻度が下がるということは、仕事で疲れた身体を、ジメジメとしたシーツの上で休む頻度が上がるということであり、結果として翌日に疲れを残します。

食器洗いをしなければ、洗い物がどんどんシンクにたまります。あなたも経験があると思いますが、シンクに1日以上置きっぱなしにしてあった食器は、洗剤を使ってもなかなか汚れが落ちません。だから余計に洗い物をすることが億劫になり、さらに洗っていない食器がたまっていきます。洗って乾燥させた清潔な食器がなければ、食事をとる気分はどんどん萎《な》えていきます。結果として出来合いの総菜やインスタント食品、外食の比率が増えていきます。これは財布にも「痛い」ことですし、健康にも良いとは言えません。

このように考えてみると、掃除、洗濯、食器洗いという3つの流れが、部屋で果たしている役割が決定的なものであることがわかると思います。

ではなぜ、これら3つの流れは滞ってしまうのでしょうか。多くの人が、掃除も洗濯も食器洗いも「やらなければ」と考えながらもできない。その結果として、部屋はどんどん散らかり、汚れてしまう。どうしてそんなことが起きてしまうのか。

その原因は、これら3つの流れが通る「道」がさえぎられてしまうからです。

「動線」を確保し、場を整える

「道」とは、動線のことです。洗濯にしても、食器洗いにしても、掃除にしても、それらを行う動線上に家具などが置かれて、「道」が途絶えると、急に作業がやりにくくなります。つまりは「流れ」が滞るということです。すると、住む人がいくら努力をして、掃除、洗濯、食器洗いに取り組もうとしても、「できない」ということになる。意志の強い人であれば、数週間程度の短い期間のみ続けることはできるかもしれません。でも決して、長い期間は続きません。これがいわゆる「リバウンド」です。

また、「道」を通すということは、それぞれの**作業する「場」を整える**、ということでもあります。たとえ物理的には「道」が通っていても、掃除・洗濯・食器洗いを行う「場」が、それぞれ作業のしやすい状態に整えられていないと、やはり「流れ」が滞ることになります。**3つの道を通し、それぞれの作業をしやすいように環境を整えておくこと。それが「ヘヤカツ」の神髄**です。

「悪い部屋」は道が途絶えている

「部屋に3つの道を通す」。これがヘヤカツのスタートラインであると同時に、究極の課題でもあります。それぞれの道を通していく具体的な方法については、後ほど詳しく解説しますが、ここでは「道が通っていない状態」と「道が通っている状態」について、簡単に確認しておきましょう。

「道が通っていない部屋」として紹介した図1－3の問題を**図1－6**にまとめました。物が多すぎて、部屋の動線が途絶え、掃除機が部屋の隅々まで到達できないことがわかります。×印の位置にはきっとホコリがたまってしまうことでしょう。また、こういった部屋では往々にしてリビングはもちろん、洗面所やキッチンまで、さまざまなモノがあふれています。その結果、洗濯の道、食器洗いの道も、スムーズに流れなくなるのです。

一方、**図1－7**には、図1－2の問題点をまとめました。

一見きれいに見えるこの部屋も、「掃除の道」は途絶えがちになっているということがわかります。また、この部屋の最大の問題点はベランダの前に置かれた巨大なソファと観葉植物です。見た目はいいし、ソファの上は居心地のいい空間かもしれません。しかしこれがあるために、ベランダへの道が途絶えています。これでは、ベランダでシーツを干すことは難しく、「洗濯の道」が途絶えてしまいます。

[図1-6]

なぜこの部屋では「人生がうまくいかないのか」

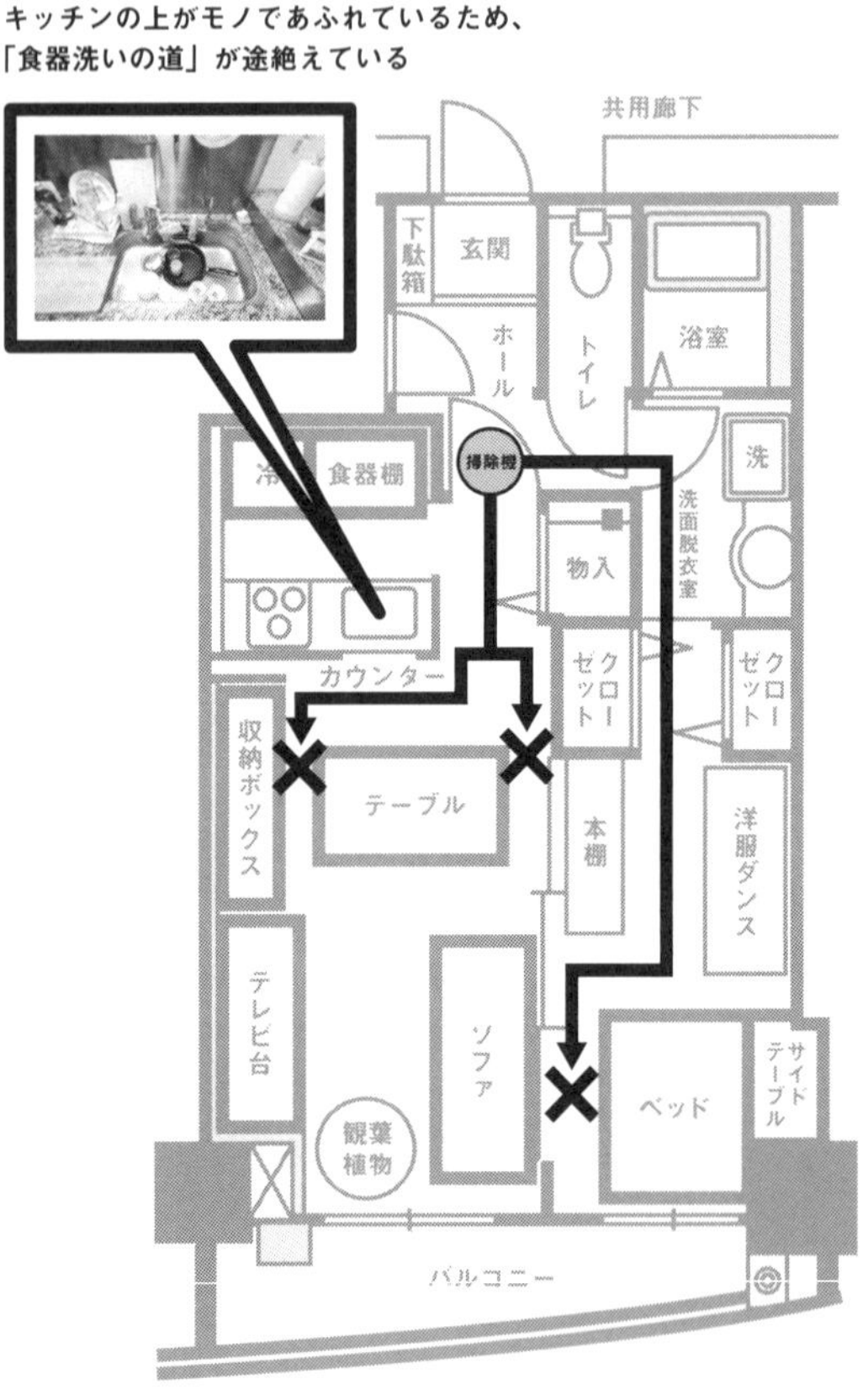

[図1-7]

どちらも動線が途絶えている!

テーブルの上にモノを置きっぱなしにしていると、
思いたったときにアイロンをかけることができず、
「洗濯の道」が滞る。

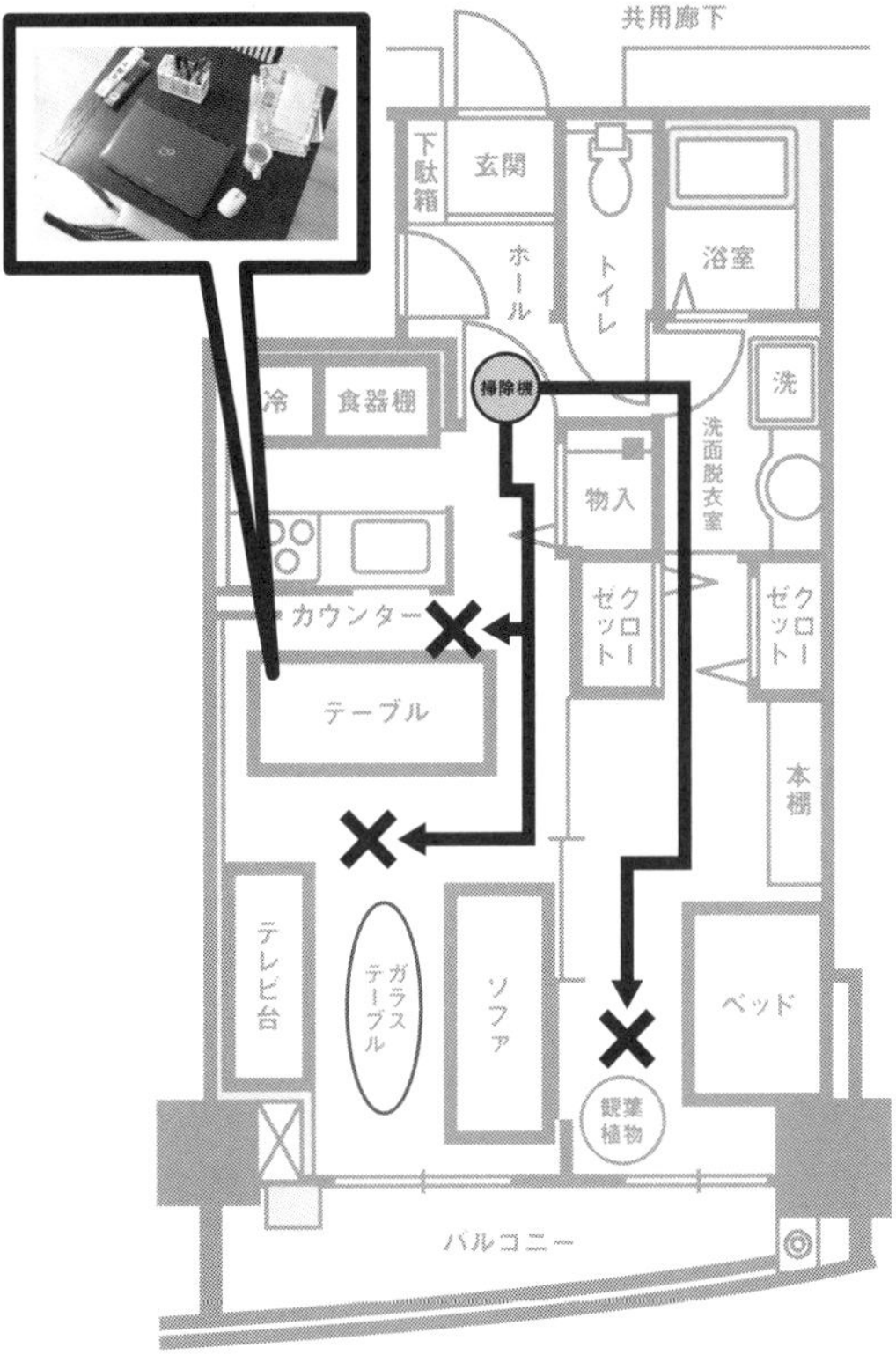

道が通った「良い部屋」

最後に「良い部屋」の例としてあげた図1－4を確認してみましょう（**図1－8**）。まず、この部屋には、部屋の隅々まで掃除機が動き回ることができる「道」が確保されていることがわかります。このように掃除の道が通っていることで、ストレスなく部屋の隅々まで掃除機をかけることができるようになります。洗濯の道についても、クローゼット・ベッドと洗濯機、ベランダの間の「道」が通っています。これなら洗濯物を持って移動するのも簡単ですし、ストレスなく乾いた洗濯物を取り込んで洋服ダンスにしまえます。このような部屋に住んでいれば、シーツを2、3日に1回洗濯する、ということぐらいは、無理なく行えます。

また、テーブルと、キッチンスペースに物を置いていないことも「道を通す」ためには重要なポイントです。テーブルの上でアイロンをかけることができるのは「洗濯の流れ」の面でプラスです。また、シンク横のスペースを空けておけば食器洗いの流れを加速させることができます。

[図1-8]

道が通っている部屋

シンク横のスペースが空いていると、
洗い物がたまりません。

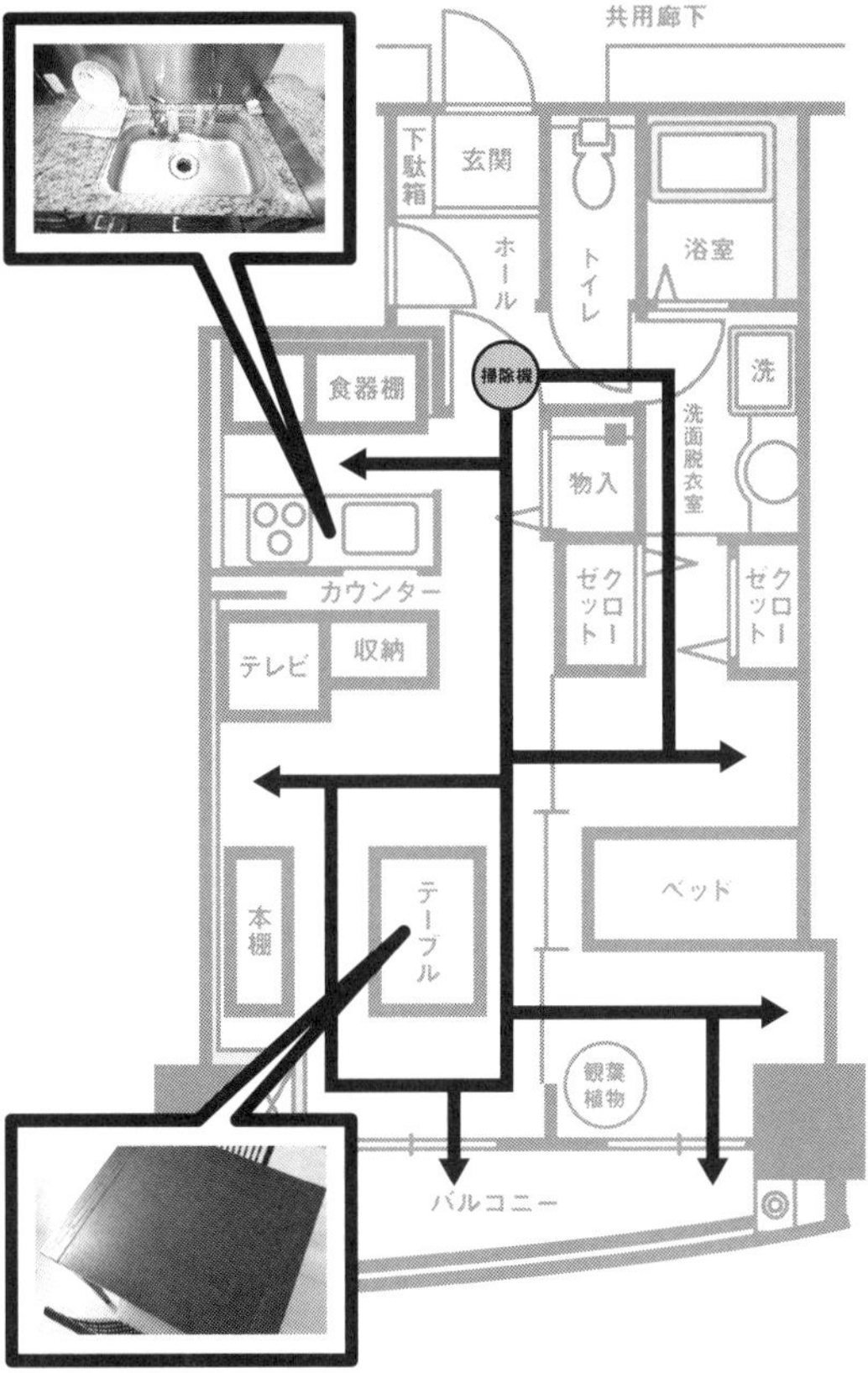

テーブルには「何も置いていない」のが基本！

LECTURE 03

流れがあれば
努力はいらない

「掃除の道」を通す第一歩は、新しい掃除機を買うことです!

Check Point!

「掃除の道」は、部屋の「血管」

ヘヤカツで通さなければならない「道」は、掃除、洗濯、食器洗いの道の3つですが、その3つの道の中でも最重要は**「掃除の道」**を通すことです。掃除の道を通すことができれば、「ヘヤカツ」は8割方完成したのも同然です。

「掃除の道」は、部屋を身体にたとえるなら「血管」です。血管の中を通る血液は、身体中の老廃物や二酸化炭素を集め、呼気や尿・汗として身体の外に排出します。これは部屋の中で掃除機が、部屋中に散らかったゴミやホコリを集めて排出するのと似ています。だからこそ、**「掃除の道」は部屋中に張り巡らされている必要がある**のです。これに対して、食器洗いの道や洗濯の道は、部屋の一部にしか通す必要はありません（**図1-9**）。

掃除があまり行われず、部屋の隅にホコリがたまっている部屋は、血管が詰まってしまって、末梢まで血液が十分に運ばれなくなった生活習慣病患者のような状態にあるといっていいでしょう。そういう流れの滞った部屋は、いくら住む人ががんばって片づけや掃除をしても、すぐに散らかり、ホコリがたまっていきます。身体の血管にあたる掃除の道を根本から改めないかぎり、「部屋の生活習慣病」を治療することはできないのです。

「掃除の道」を通すことは、「片づけ」や「整理」のような「対処療法」ではなく、部屋そのものを治療する「根治療法」です。部屋に「道」を通し、「流れ」を取り戻す。「ヘヤカツ」こそが、「部屋」に本来の機能を取り戻す道なのです。

[図1-9]

「掃除の道」は部屋の隅々まで通っている必要がある
(食器洗いの道、洗濯の道は部屋の一部でよい)

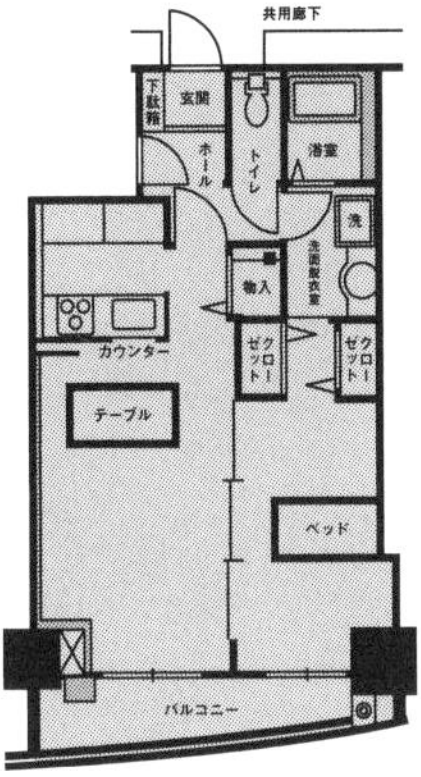

掃除の道

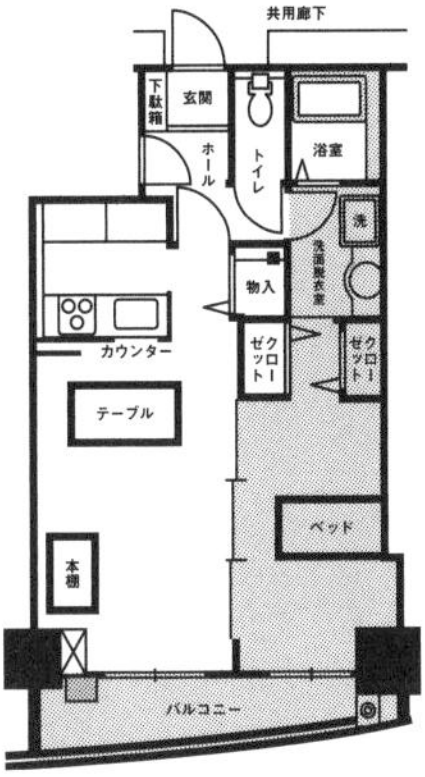

洗濯の道

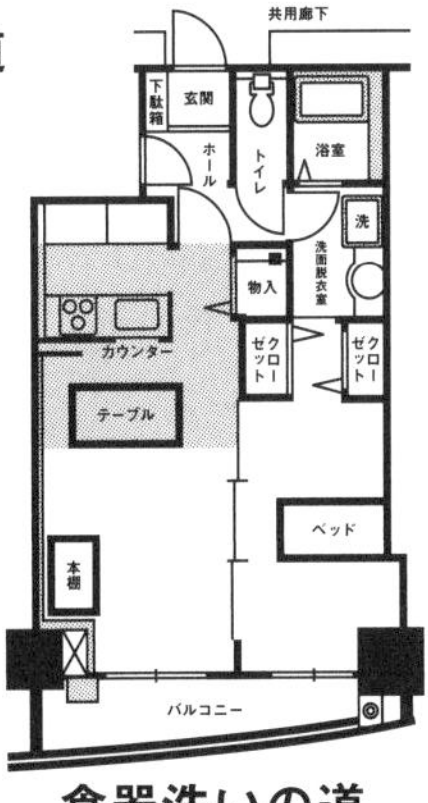

食器洗いの道

道を通すべき部分

SHARPのサイクロン掃除機を手に入れよ！

ここで、「ヘヤカツ」の第一歩として「掃除の道」の主人公となるお気に入りの掃除機を手に入れておきましょう。

「いきなり掃除機!?」

「片づけのほうが先じゃないの？」

という声が聞こえてきそうです。もちろん、この後、具体的な片づけや部分づくりのノウハウもたくさんご紹介していきますが、そういったノウハウを理解する前に掃除機を購入するのが「ヘヤカツ」では重要なのです。

みなさんはいま、どんな掃除機を使っていますか？　それはあなたが心底気にいった、お気に入りの掃除機でしょうか？　それを毎日ピカピカに磨きあげて、大切に使っていますか？　もしそうでないなら、「ヘヤカツ」の第一歩として、新しいお気に入りの掃除機をこの機会に手に入れることをお勧めします。
「掃除機なんて、ゴミを吸い込めるならなんでも同じだ」という考えの人もいるかもしれません。でも、それは誤りです。なぜなら、掃除機をはじめとする掃除道具というのは、「掃除の流れ」という観点から見れば、**すべての「スタートライン」**だからです。部屋の流れは、身体における血液の流れのようなものだと述べましたが、そのたとえで言えば、掃除機は部屋中に血液を送り出すポンプ、すなわち「心臓」のようなものです。身体にたとえれば、**掃除機を買い換えることは、心臓の機能を大幅にアップさせるようなもの**です。部屋の流れを活性化する第一歩として「元気な心臓」を手に入れましょう。

というのも、掃除機が古くて、薄汚れていて、性能が悪いと、人はなかなか掃除をしようという気持ちにならないからです。逆に、最新の高性能掃除機がピカピカに磨きあげられてあなたに使われることを待っていたらどうでしょう。あなたの掃除へのモチベーションは大きくアップするはずです。「掃除機をかけたい」という気持ちが高まってくれれば、「掃除機をかけやすい部屋」を作るモチベーションも高まります。

今や掃除機はハイテクの結集されたカッコいいメカです。ちょっと背伸びして、高級な掃除機を手にすると、グッとテンションが上がります。確かに掃除機は多少値張りますが、それぐらいはたかが知れている初期投資です。掃除機は自分の「相棒」だと思って、できるだけ良いもの、カッコいいものを手に入れましょう。お勧めは、SHARPのサイクロン掃除機です。

[図1-10]

SHARPのサイクロン掃除機
「EC-PX200-S」

掃除機はあなたの「相棒」です。できるだけ良いものを手に入れて、ピカピカに磨いて、大事に使いましょう。

掃除道具はピカピカに磨いてクローゼットにしまえ

掃除機は毎日、ピカピカに磨き上げておきましょう。掃除機を美しく保っておくことによって、あなたの部屋の掃除の流れは、少なくとも2割以上アップします。信じられないかもしれませんが、騙されたと思って、ぜひ一度試してみてください（**図1－11**）。

また、掃除機を収納する場所についても注意が必要です。みなさんはおそらくこれまで、「掃除機を置く場所」について、真剣に考えたことがないのではないでしょうか。テレビを置く場所や、洋服をしまう場所については考えるけれども、掃除機を置く場所については考えない。しかし、掃除機を置く場所は、「掃除の流れ」をスムーズにするために、非常に重要な要素なのです。

心臓が身体の中心にあるのは、血液を身体中の隅々まで行き渡らせるために効率的だからです。つまり、**掃除機が「部屋の心臓」だとすれば、できるだけ部屋の中心に近いところに置くべき**です。そこから掃除機は、部屋中を巡るのです。

もちろん、住んでいる部屋の間取りによっては、掃除機を置く場所が部屋の隅にな

［図1-11］

掃除機は部屋の心臓。
きれいに片づけよう

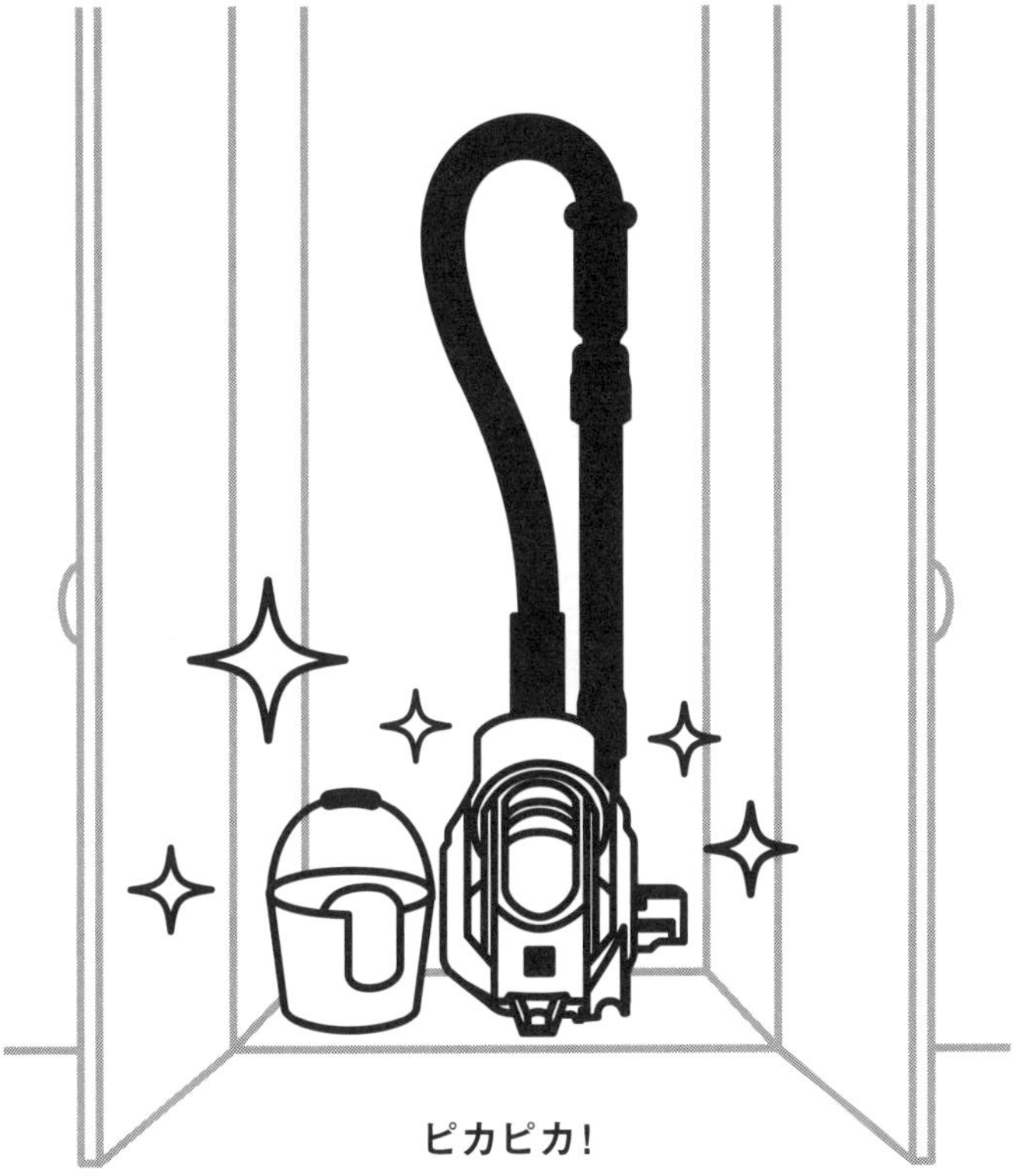

ってしまうこともあるでしょう。そういう場合でも、何より大切なことは掃除機を置く場所を決めることです。「ここが部屋の心臓部なんだ」ということを決めて、そしてその場所を明るく、清潔に保っておく。

掃除機の置き場所が決まっていない部屋に住む人は、必ず掃除をさぼり、結果として部屋は確実に散らかっていきます。また、掃除機が置かれた場所が乱雑に散らかっていたり、置き場所があちこち変わってしまったり、掃除機そのものが汚かったりすると、掃除をするのがどうしても億劫《おっくう》になります。これは、「部屋の心臓」のパワーを弱めてしまっているとも言えます。掃除機を、きちんと決まったきれいな場所に保管しておくことによって、部屋の「掃除の流れ」は確実に良くなるのです。

理想的には、クローゼットなどの収納場所ひとつを丸まる、掃除道具のスペースにしたいところです。

掃除機を置く場所が決まっていて、なおかつ、その場所に余計なものがなく、美しい状態を保っておけば、人は自然とこまめに、掃除をするようになります（**図1－12**）。

[図1-12]

掃除道具のある場所に行きたくなる部屋を作る

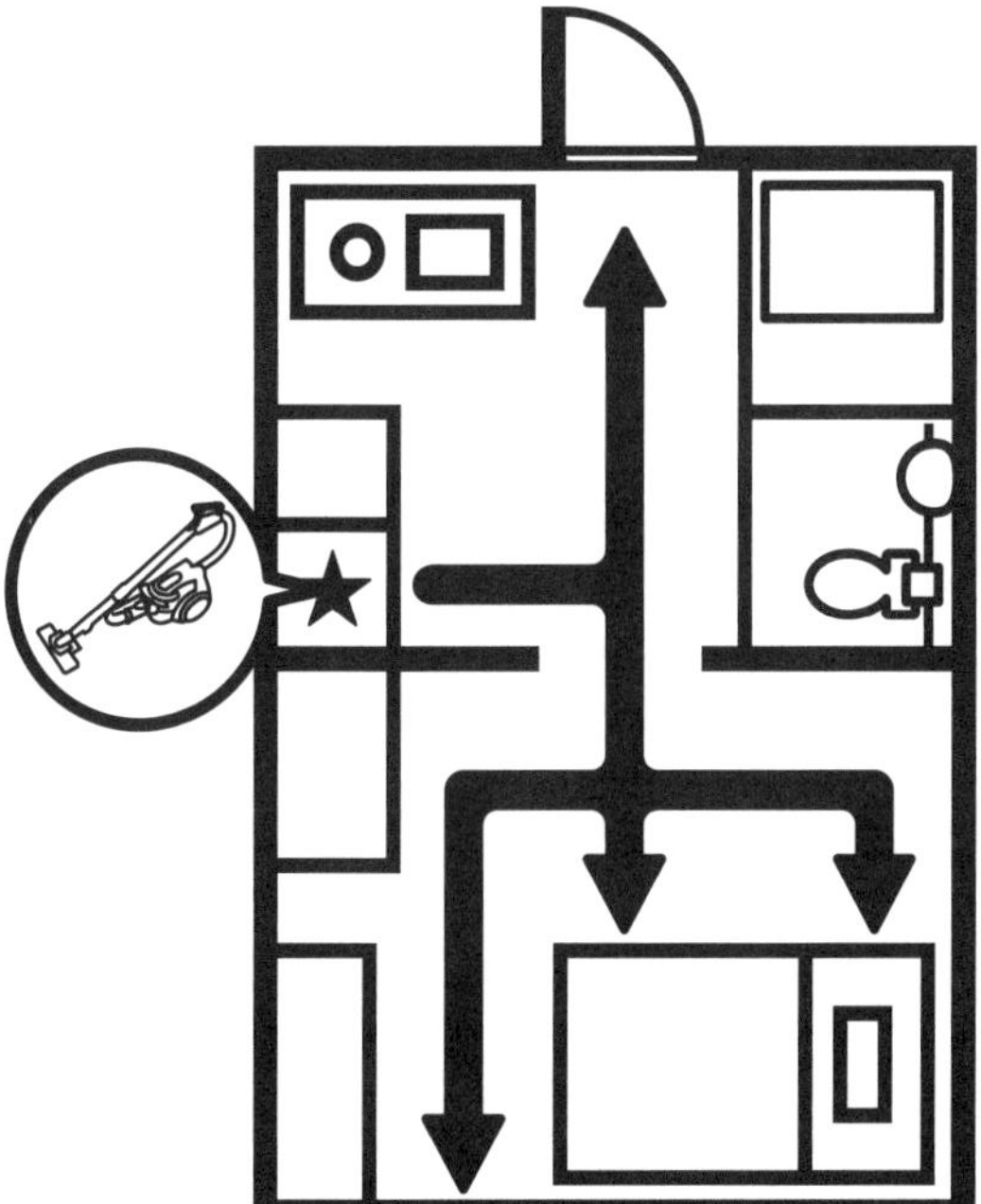

掃除は質より頻度

どうして掃除機を美しく保っておくことが重要なのか。それは、掃除で重要なのは**「質」より「頻度」**だからです。

部屋には時間とともに、どうしてもホコリがたまります。どうしても髪の毛が落ちてしまいます。つまり、掃除というのは一度がんばればそれで終わりではなく、ずっと永遠に続いていく、終わりのないサイクルを回していくものなのです。

掃除でも、洗濯でも、食器洗いでも、「部屋の流れ」を活性化するために必要なことは細かなテクニックや方法論ではありません。どこまでストレスなく、掃除や洗濯や食器洗いをする「頻度」を高めることができるかです。頻度を上げれば上げるほど、部屋はきれいな状態を保つことができるのです（**図1－13**）。

掃除の回数を増やし、掃除機をかけた「きれいな状態」の時間をできるだけ長くする。すると、部屋はその分だけきれいな状態を保つことができる。そのための第一歩が、「ピカピカに磨いた掃除機をきれいな場所にしまっておく」ことなのです。

[図1-13]

掃除は質より頻度

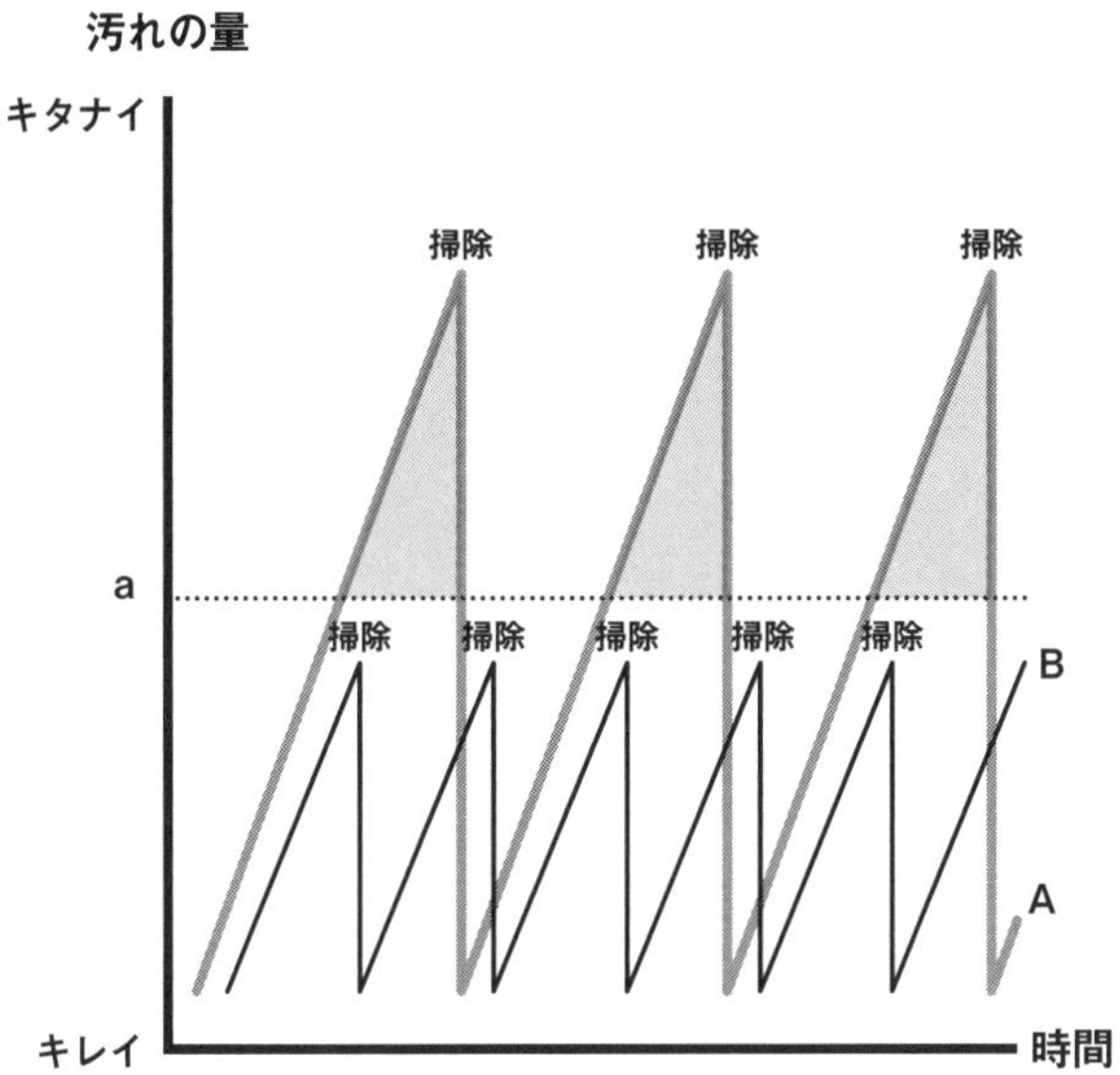

aのラインを超えると「キタナイ」と認識できるとすると、
Aのような「まとめ掃除」はいくらやっても「汚れた時間」が長くなる
Bのほうがキレイな状態を保てる。

流れを作れば「好循環」が生まれる

掃除が億劫になると部屋は汚れていきます。部屋が汚れていくと、ちょっとした汚れはあまり気にならなくなり、さらに掃除をしなくなる……。この本を手にとったあなたも、もしかしたらそのような悪循環に陥っていないでしょうか。

型遅れの使いづらい掃除機を、とにかく部屋の片隅に押し込めているようでは、掃除が億劫になるのは当たり前です。汚い掃除機になんて触りたくありませんし、ごちゃごちゃになった掃除用具置き場は、そこに足を踏み入れるのさえためらわれる場所です。でも、逆に、ピカピカに磨いた掃除機を、きれいに片づいた部屋の中心に置いておけば、自然と掃除機を使ってみようという気分になります。そうすると、自然に掃除をするようになります。自然に掃除をするようになれば、掃除をやり残した、汚いところが目につくようになります。そうするとさらに掃除をするようになる。このような「好循環」が生じてくるのです（**図1－14**）。

注意してほしいのは、この好循環を生んだのは、住む人の「がんばって掃除しよ

[図1-14]

良い「流れ」を作ろう

これがヘヤカツだ!

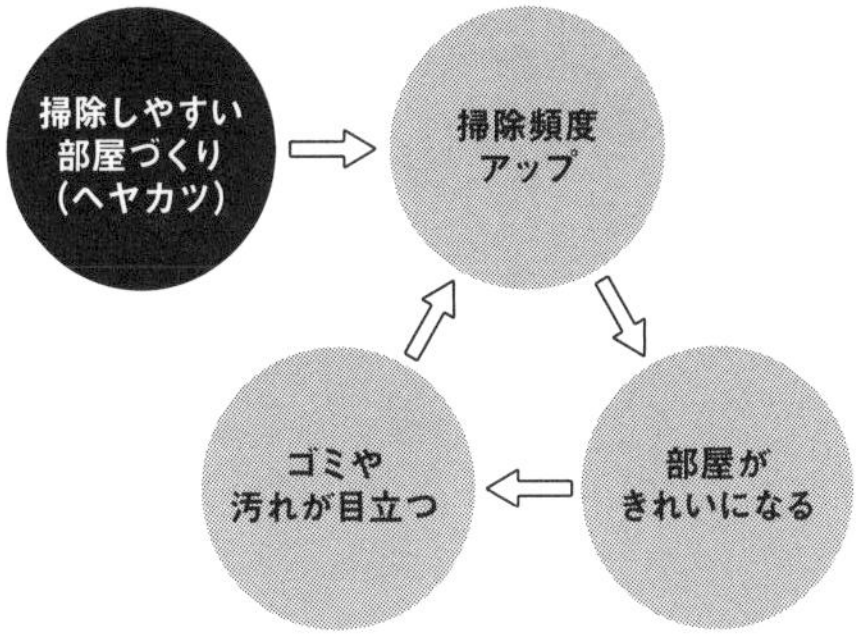

ヘヤカツをしないと……

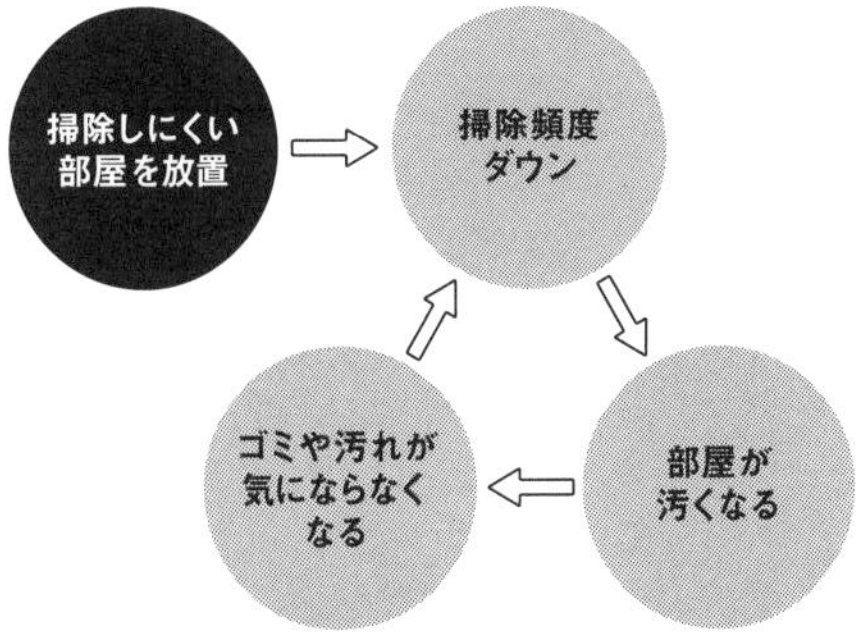

う」という決意や努力ではない、ということです。**部屋がきれいになりはじめると、汚れているところが目立つようになる。**汚れたところが目立つようになれば、人間は自然と掃除をする。このように**モノや、環境によって私たちの行動は決まります。**そのことをよくよく理解することが大事なのです。

この3点は、「掃除の流れ」を作るうえで非常に大切であり、流れができると、自然と好循環が生まれてくるのです。

●お気に入りの掃除機を手に入れる
●掃除機を置く場所を決める
●掃除機や、その置き場所をきれいにしておく

掃除道具を買いそろえる

他の掃除道具もピカピカの、友人に自慢できるようなものをそろえます。

◉クイックルワイパー

ご存じ、花王の定番掃除用品です。掃除機をかけた後のフローリングの床面を拭くのに便利です。もちろん雑巾がけが好みの人は、雑巾を使っても結構です。

◉雑巾（床を拭く）

使い古した布を再利用するのはやめましょう。汚れた雑巾では、掃除をするテンションが高まりません。誰に見られてもはずかしくない、きれいな白い雑巾を使います。

◉フキン（テーブル・家具を拭く）

雑巾と同じく、汚れたモノは捨て、白く、清潔なものを常に用意します。

◉羽ぼうき

本棚などのホコリを落とすのに使います。

「洗剤はどうするの？」と思われたかもしれません。しかし、「ヘヤカツ」の推奨する掃除方法としては、特に「掃除用の洗剤」を用意する必要はありません。なぜなら、洗剤がなければ落ちないような汚れは、そもそもあってはならないものだからです。洗剤がないと落ちない汚れは、長い時間放置されてしまった汚れです。「掃除の流れ」を作るということは、汚れが放置されないようにこまめに掃除をできるような部屋を作ることを意味しています。もちろん、それでもうっかり汚れを放置してしまったということは起こりえますが、そういった場合は台所用の中性洗剤を流用すれば十分です。家庭内で生じるような汚れはほとんどの場合、これで対応できます。

Chapter 2

流れのある「良い部屋」の作りかた

LECTURE 01

「掃除の道」は部屋のインフラ整備

あなたの部屋は、隅々まで掃除機が通れますか？　「掃除の道」を通せばヘヤカツは8割成功です!

Check Point!

「掃除の道」を通せば部屋に流れが生まれる

ここからはいよいよ部屋に「流れ」を作るヘヤカツの実践に、取り組んでいきます。少しおさらいをしましょう。まず、部屋には3つの流れがあり、それは衣・食・住に対応しています。

衣：洗濯の流れ
食：食器洗いの流れ
住：掃除の流れ

そしてこの3つのうち、もっとも重要なのが「掃除の流れ」です。なぜ「掃除の流れ」が一番大事なのかと言うと、洗濯や食器洗いについては、洗濯や食器洗いに関係する場所だけを整えれば、それなりに流れを作ることができるのに対し、「掃除の道」は、部屋の隅々まで張り巡らせておく必要があるからです。逆に言えば、部屋の隅々まで「掃除の道」が張り巡らせることさえできれば、洗濯の道、食器の道は自動的に8割がた、整備されることになります。それも無理なく、自然にです。

「掃除の流れ」を作るには、部屋の隅々まで「掃除の道」を張り巡らせる必要があります。これは、国や都道府県が、道路を作ったり、橋を作ったりするインフラ整備に似ています。高速道路や新幹線が通ることによって、全国津々浦々まで人や物を運ぶことができるようになる。そうすることで、多くの人が便利に、そして幸せに暮らせるようになる。「掃除の道」を整備することには、同じ狙いがあります。**部屋の基礎インフラは、「掃除の道」**なのです。

では「掃除の道を通す」とは具体的にどうすればいいのか。

それは**「掃除機が通る道」を作る**、ということにつきます。掃除機が通る道があれば、掃除機をかけることはもちろん、クイックルワイパーをかけたり、雑巾をかけたりすることも簡単にできるようになります。反対に言えば、「掃除機が通れない場所」を無くしていくのです。

人間は肺や血管に異物が詰まると病気になりますが、部屋もまったく同じです。余計な**モノが「掃除の道」をふさいでいるだけで、部屋の流れは失われ、文字通り「死**

んで」しまうのです。

先に流れのない「悪い部屋」の例を紹介しましたが、一見きれいに片づいて掃除された部屋でも「掃除の道」が上手に通っていないとその状態を長く維持することはできません。

雑誌やテレビなどで紹介される「モデルルーム」や「理想の部屋」の中には、一見片づいていてきれいに見えるけれど「掃除の道」が通っていない部屋があります。こうした部屋は、掃除をする頻度が少なくなるので、すぐに汚れていってしまいます。そして、一度汚れていくと、もう掃除をする気が起きなくなって、さらに汚れていく。こうして、最初は魅力的だった部屋が日に日にその魅力を失っていってしまうのです。

見た目ばかりを追求して「掃除の道」の失われた部屋を作ってしまうと、その状態を維持するのに多大な労力がかかってしまいます。無理して部屋をきれいにしても、決してそこに住む人は幸せになれません。一見片づいた部屋に住んでいる人もぜひもう一度、自分の部屋に「掃除の道」がきちんと通っているかをチェックしてみてください（**図2－1**）。

［図2-1］

掃除の道が通っていない部屋は、いくら片づいていてもその状態を維持するのに大きな労力がかかる

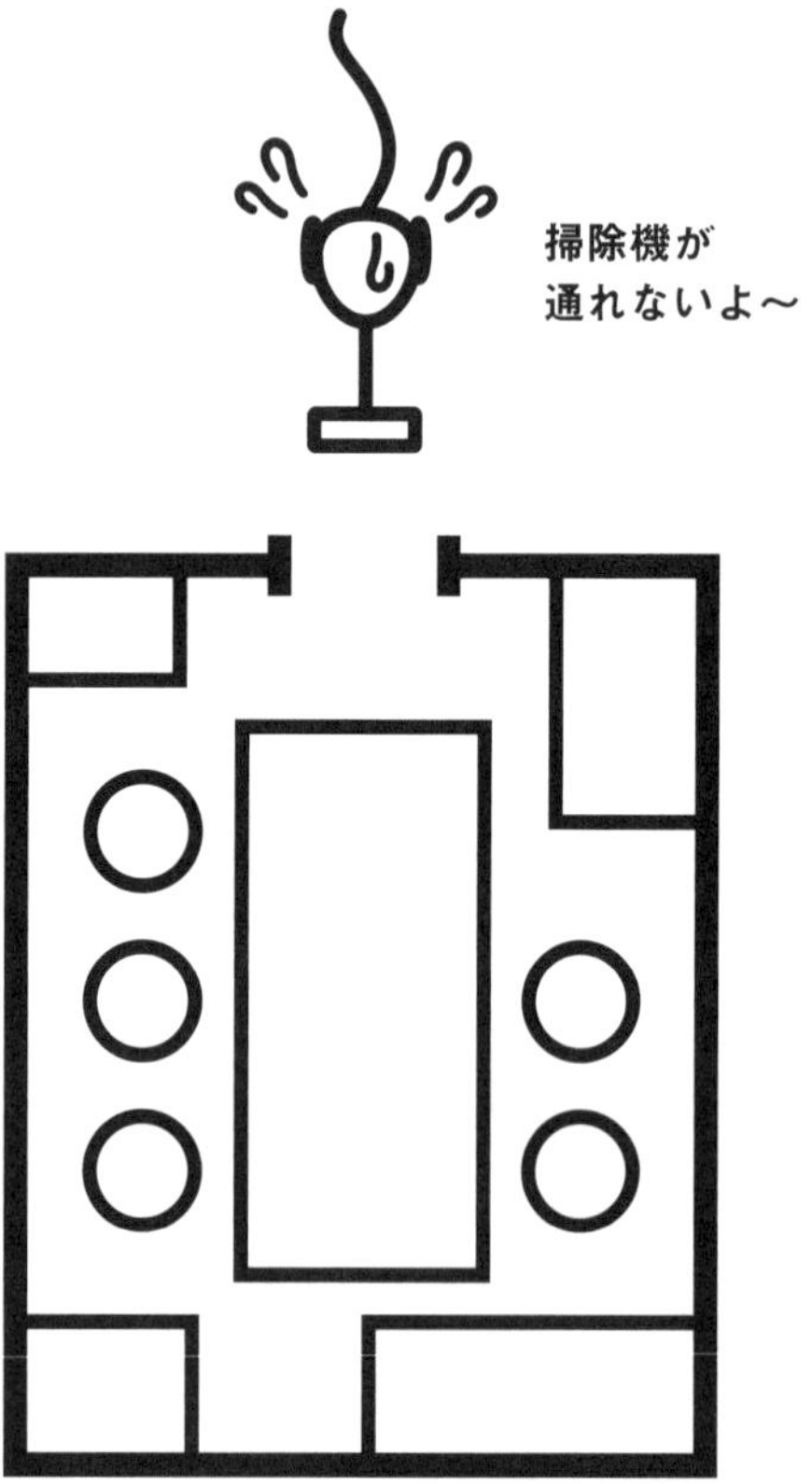

「掃除の道」を通すために必要な「優先順位」

　では具体的に、部屋に「掃除の道」を通していきましょう。

「掃除の道」を通す第一歩は、**「家具の配置の優先順位」**を検討することです。私たちは無意識のうちに、部屋に置く家具に優先順位をつけています。例えば、**図2−2**の部屋は、テレビの前に置かれたソファの居心地を最優先にレイアウトされているため、疲れて仕事から帰ってきたら、玄関から一直線にソファに向かって雪崩《なだ》れ込むことができます。そして、そのままテレビも観ることができるし、買ってきたコンビニ弁当を食べることもできる。この部屋に住む人は、「ソファでテレビを見ること」を何よりも大切に考えているのでしょう。

　ただし、その結果として、「掃除の道」が障害物で途絶えています。これはいけません。確かにソファに寝転がっている瞬間は快適かもしれません。しかし、この部屋に住む人は、仕事から帰ってきた後だけでなく、休日も一日中ソファに寝転がってテレビを見ているだけで、全然掃除をしなくなってしまうはずです。すると部屋がだんだんと汚くなってくる。さらに掃除をする気をなくして、ソファの上に居座る時間が長くなっていきます。汚れた部屋で、汚れたソファの上で過ごす時間が一番長いという生活で、日頃の疲れを取り、リフレッシュできるでしょうか。できるはずがありません。

［図2-2］

テレビを見ることが最優先された部屋

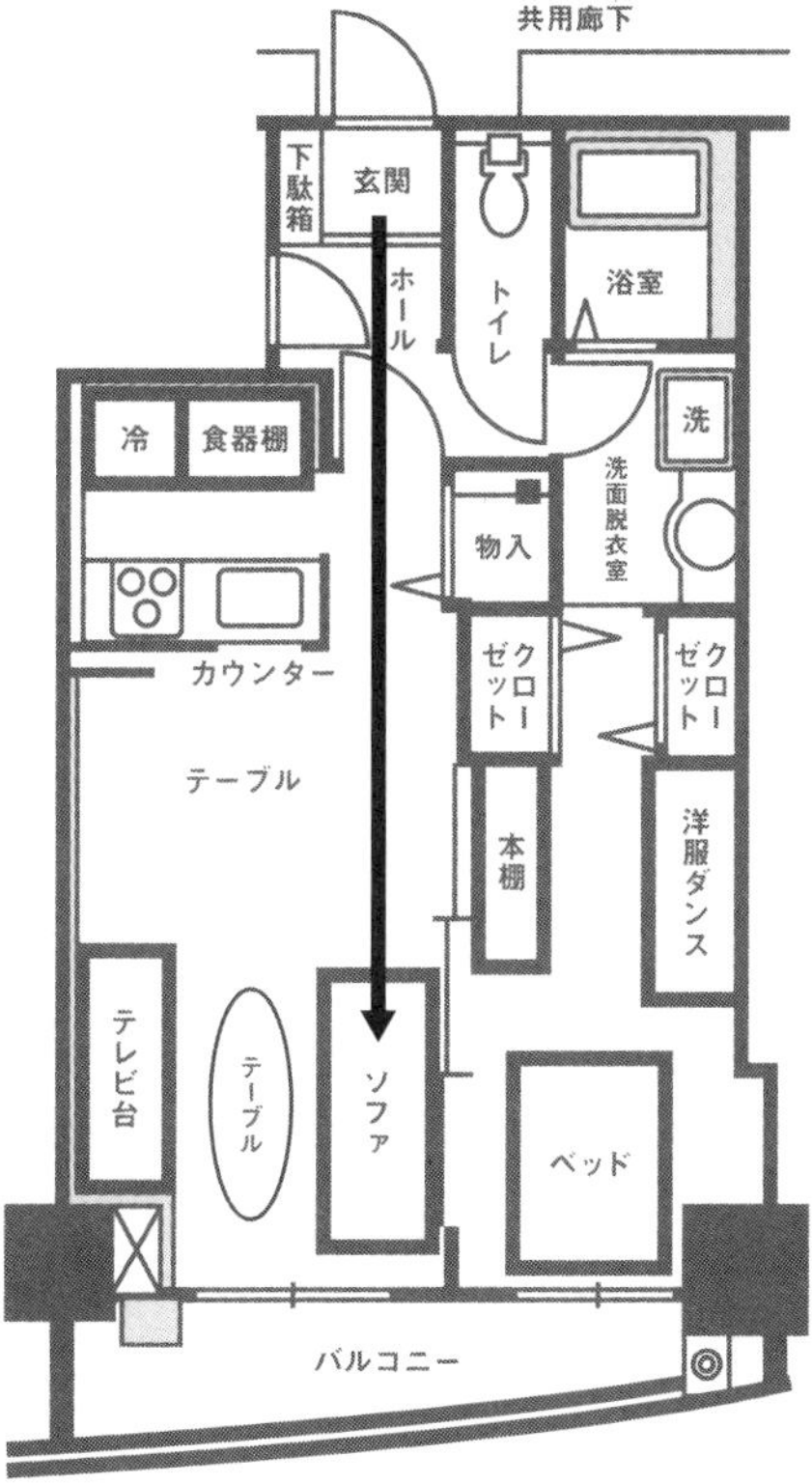

逆に、「ソファに寝転んでテレビを見るための道」よりも「掃除の道」が優先されている部屋に住む人は、自然とこまめに掃除をするようになります。

例えば、このようなレイアウトにするとどうでしょう（**図2－3**）。

図2－2と図2－3は、部屋の間取りや置かれている家具には、ほとんど違いはありません。しかし、図2－3では、「掃除の道」、つまり**掃除機が通りやすくレイアウトされていることがわかります**。

このようにレイアウトを変えるるだけでも、日々の掃除の負担は圧倒的に軽くなります。もちろん「快適にテレビを見たい」という気持ちも否定する必要はありません。図2－3のレイアウトは、「ソファでテレビを見る」という点に関しても、図2－2と比べて遜色《そんしょく》ありません。一直線にソファへ雪崩れ込むことができますし、ソファの真正面にテレビも設置してあります。ただ、そこにひと工夫をして、「掃除の道」を通しただけなのです。

いかがでしょうか。部屋のレイアウトを考えるときに、「掃除の道」を考えるだけでも、片づけやすさ、掃除のしやすさに格段の違いが生じてくる。ぜひ、そのことを意識したうえで、自分の部屋の家具の優先順位を考えなおしてみてください。

［図2-3］
掃除の道が優先された部屋

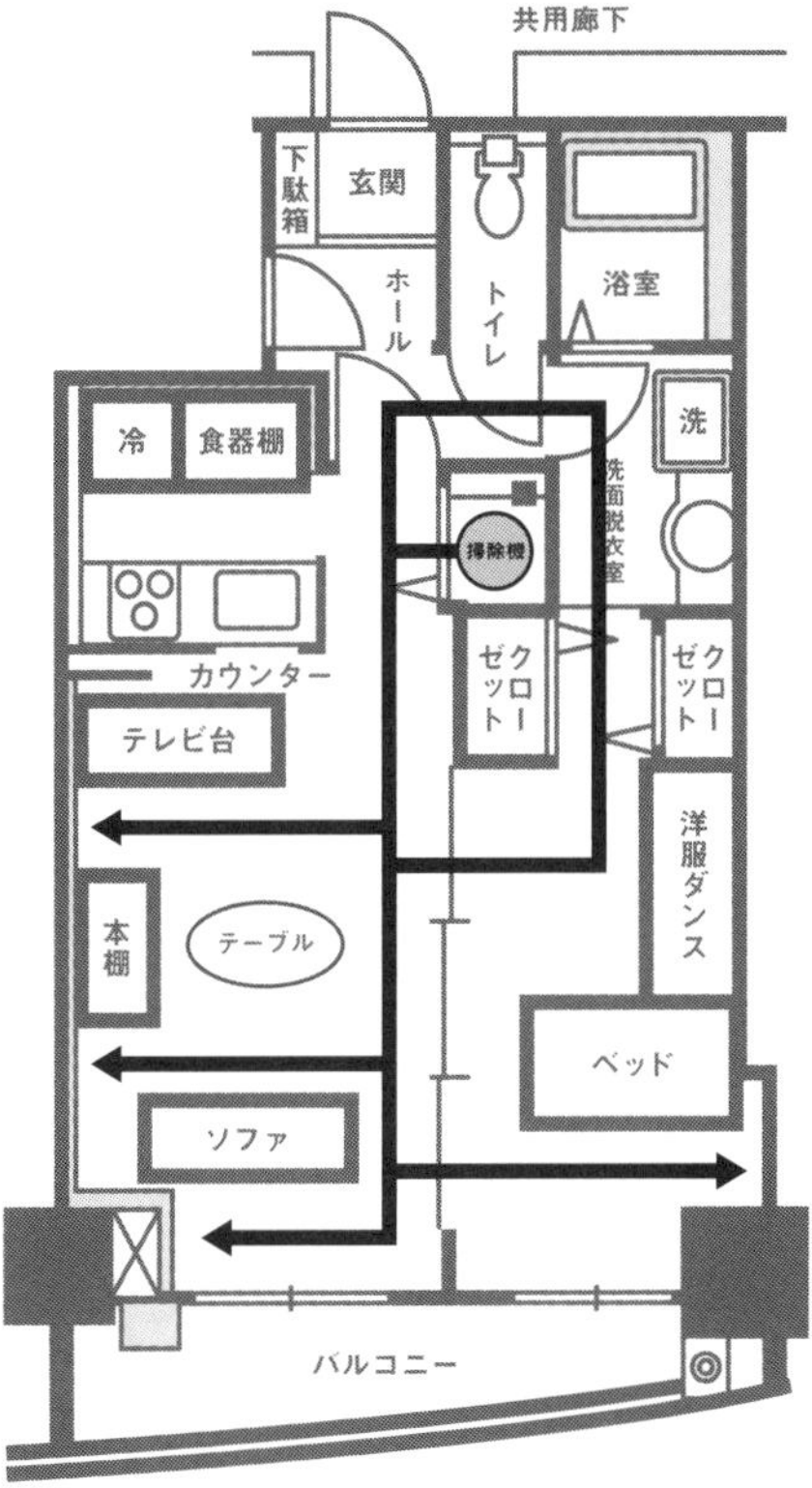

部屋の中央のコンセントを開放する

「掃除の道」を通すうえでの次のポイントは、

◉部屋の中央のコンセントを開放する

ということです（**図2－4**）。なぜなら、コンセントは「掃除の起点」となるからです。人間の心臓は勝手に動きまわったりはしませんが、部屋の心臓である掃除機は部屋を動き回ります。しかし、その動力源であるコンセントは動かすことができません。ですから、部屋の心臓である掃除機が元気に動き回るために、決して部屋の中央のコンセントの前に家具や物を置いたり、他の家電のコンセントを差しっぱなしにしておいたりしてはいけないのです。掃除のたびに、邪魔な荷物をどけたり、コンセントの差し替えをしなければならないというのは、「はあ、掃除をするのは面倒だな」と思う原因になります。ヘヤカツでは、こうした「掃除をする」ということに対する

［図2-4］

コンセントは「掃除の起点」

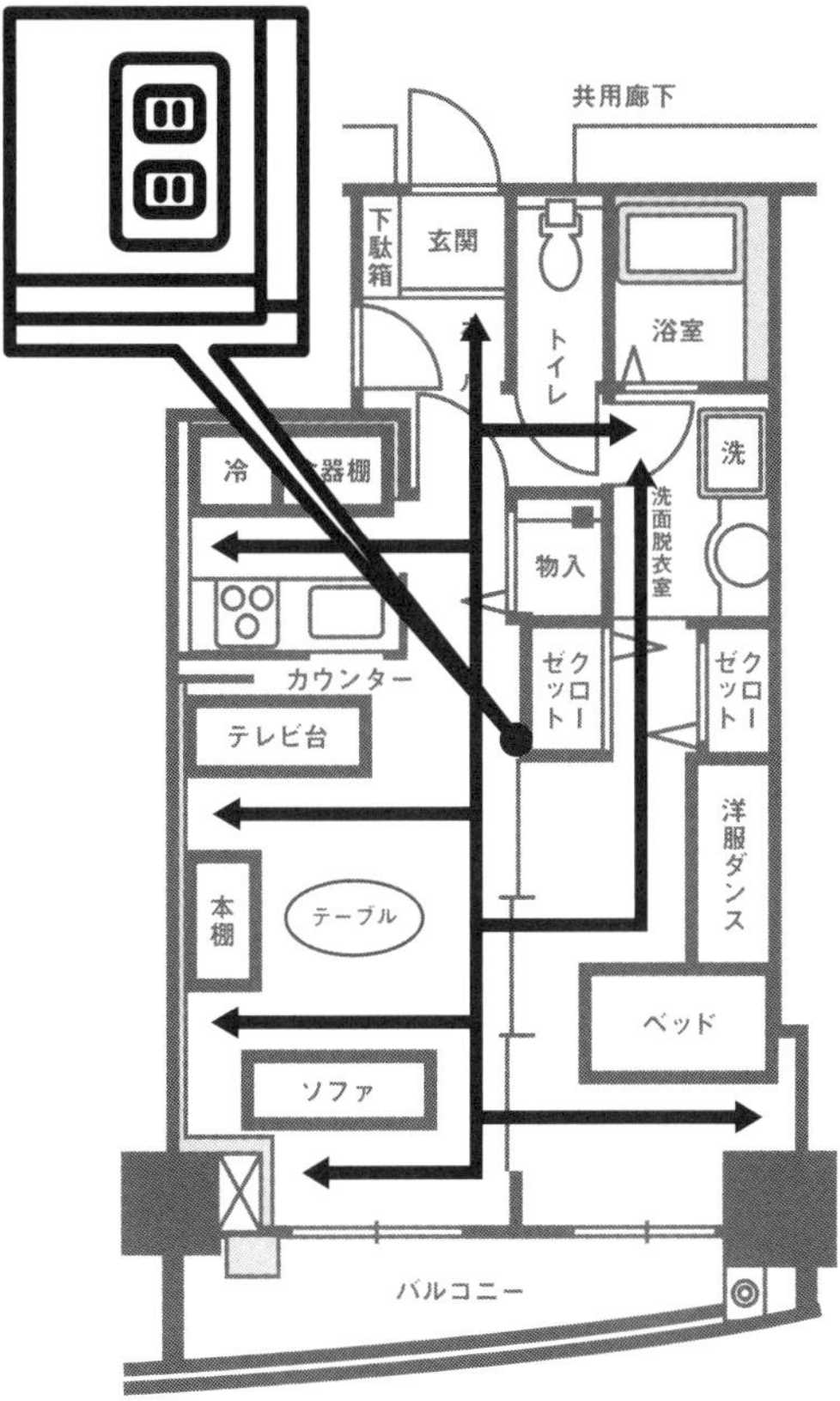

マイナス要因を、徹底的に排除していきます。

1LDK以下の広さの部屋の中央のコンセントを確保すれば、ほとんどの場合、掃除機のコードを伸ばすだけで部屋の隅々まで掃除することができます。延長コードを使ったり、いちいち掃除する場所によってコンセントを抜き差ししたりしなくても、部屋中を掃除することができます。

これは小さなことだと思うかもしれません。しかし、延長コードを抜き差しする面倒がなくなるだけで、掃除のしやすさは格段にアップします。また、延長コードという「モノ」を持たずに済むのも大きなメリットです。

「太い道」と「細い道」を作る

「動線を作る」と言うと、「できるだけ短く」「最短距離になるように」と考えがちです。でも、少なくとも1LDK以下の部屋の広さであれば、「動線の長さ」はほとんど問題になりません。「長い」といってもせいぜい数メートルの違いで、大人ならほんの数歩で移動でき、掃除機のコードも届きます。注意しなければならないのは、**「長さ」よりも「太さ」**です。掃除の道、洗濯の道、食器洗いの道いずれの場合も、できるだけ太い道を通すことが大事です。

ヘヤカツでは、**「掃除の道」を「太い道」と「細い道」に分けて考えます。**「太い道」は、掃除機を操作するあなたが通れる幅が最低限必要ですので、少なくとも80センチメートル以上を確保する必要があります。一方の細い道というのは、掃除機のノズルの横幅があればいいのでそれほどの太さは必要ありません。ただ、それでも20〜30センチメートル程度は確保しておきましょう。

◉掃除の道は「太い道≧80センチメートル」「細い道≧20〜30センチメートル」を確保する

掃除機をつなぐコンセントから部屋の隅々まで、太い道と細い道からなる「掃除の道」を張り巡らせます。もちろん、できるかぎり「太い道」が部屋の末端まで掃除の道が通っていることが理想です。しかし、部屋のスペースには限りがあるため、必ずしも理想通りにはいきません。そこで、どうしても「太い道」が通せないところには、「細い道」を通していくことになります。

「細い道」は掃除機のノズルが通るだけですので、「道の途中」ではなく「道の末端」にしか使えないことに注意してください。人間の身体は、心臓に近いところほど太い血管が通り、末端に行くほど血管は細くなっていますが、「掃除の道」もそれと同じです。細い道を行った先にスペースが広がっている。そのようなレイアウトでは掃除機が「細い道の向こう側」へたどりつくことができないため、一見、道は通っているようでも、実際のところ、その掃除の道は「断絶している」のと同じです。また、「細い道」の長さはせいぜい2メートル程度までにとどめておくべきでしょう。ノズルの長さ以上の「細い道」を通したところで、奥まで掃除機を届かせることができない。これでは意味がありません（図2－5）。

◉「細い道」は、掃除の道の末端にしか使わない

［図2-5］
太い道と細い道を通す

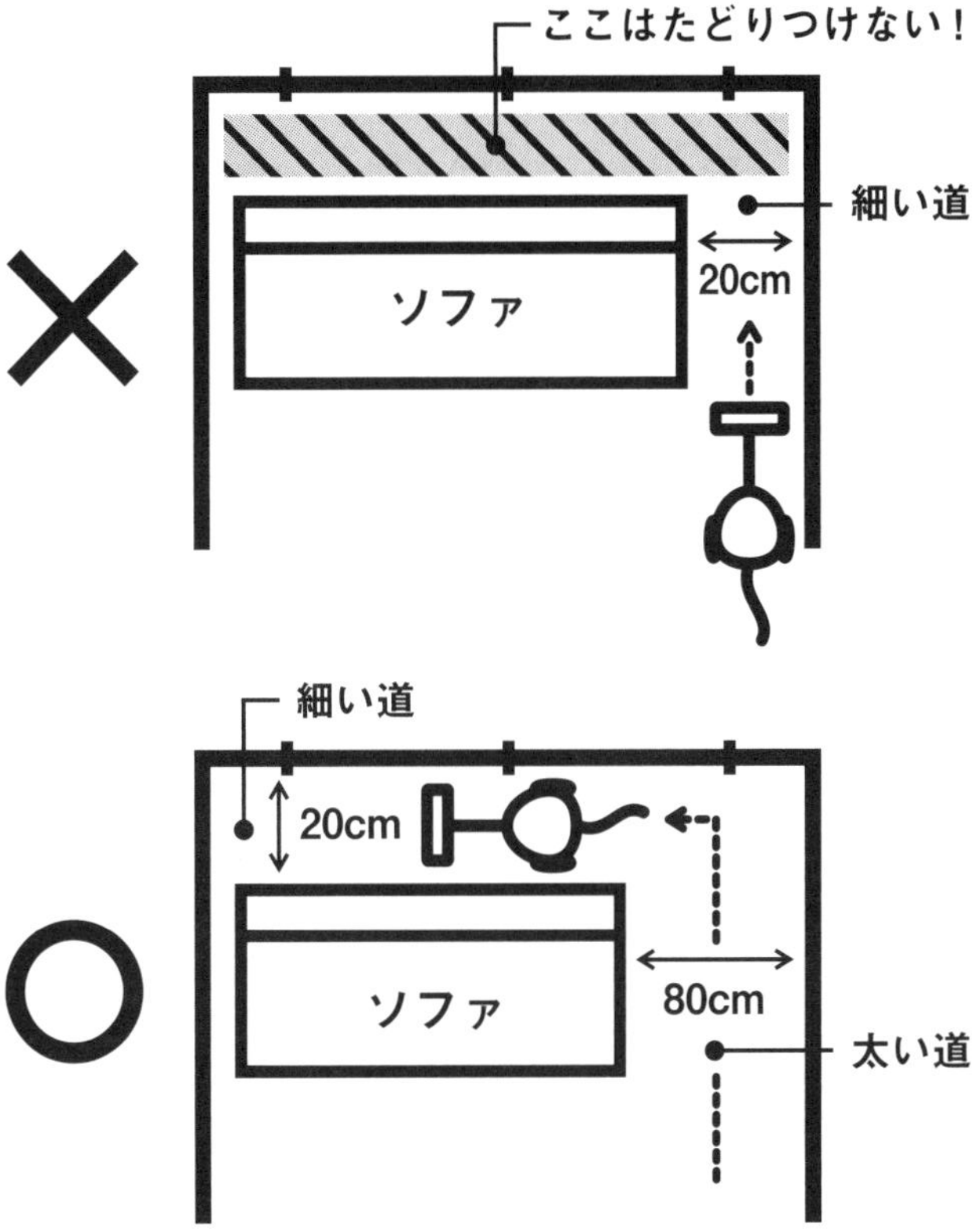

「細い道」は、掃除の道の末端にしか使えません。

LECTURE 02

少数精鋭の家具に絞り込む

私たちは部屋の広さに対して、多くの家具を持ちすぎています。家具を厳選し、少数精鋭に絞り込みましょう!

Check Point!

家具が多いと「道」は通らない

「掃除の道」を通すことに取り組みはじめると、「ああ、これは自分には難しい」と感じる人も少なくないでしょう。そもそも、60ページの「掃除道具を置く場所を作る」という段階で、「無理！」と感じた人もいるかもしれません。

もし、そう感じた人はぜひ一度、自分の家具や持ち物が本当に必要かどうか、チェックしてみてください。多くの場合、私たちは収納場所に入りきらないぐらいのモノを抱えて生活しています。だからこそ、掃除道具も片づかないし、「掃除の道」を通すことも難しいと感じてしまうのです。

そこで、ここからはモノの処分にかかります。細かなモノについては後ほど述べるとして、ここでは部屋で大きなスペースをとる**「家具」**について検討します。

家具は部屋に置くモノの中でももっとも大きく、また頻繁に移動させることが難しいモノです。ここでは、その家具を厳選し、「少数精鋭」に絞り込むということに取り組みます。まずは「本当に部屋に必要な家具とは何か」を改めて考えてみましょう。

本当に必要な家具とは何か

掃除の道を部屋に張り巡らせようと思えば、部屋にはモノが少なければ少ないほどいいということになります。しかし、だからといって「何もない部屋がいい」わけでもありません。モノがなければ私たちは生活を楽しむことはできません。ヘヤカツの最終目標は、生活を楽しむことです。いくら散らかっていないと言っても何もない部屋にポツンと座っている状態を目指しているわけではないのです（図2－6）。

ヘヤカツではあらゆる持ちモノを、「少数精鋭」にすることを目指します。家具も、「良いものを、必要なだけのサイズ・数」だけ持つ。絞り込んだ「少数精鋭の家具」を大切に使うことは、生活を豊かにする大事なポイントでもあります。

その一方で**「少数精鋭以外の家具」については、積極的に処分することを検討します**。特にそれらが「掃除の道」を邪魔しているのであれば、思い切って捨ててしまうのです。

では、部屋に必要不可欠な家具とは何か。これは以下の3点（3セット）に絞り込

[図2-6]

何もない部屋が良いわけではない!

むことができます。

◉ベッド

そこに住む人の身体を休める、部屋においてもっとも重要なアイテムです。もちろん、和室で布団を敷いている方の場合、ベッドは必要ありません。その場合は、敷き布団・掛け布団にあたります。

◉テーブル・椅子

テーブルと椅子は、部屋のメインステージです。テーブルの上では、食事をしたり、パソコンで作業したり、アイロンをかけたりすることができます。テーブルと椅子は、部屋の中で人が活動するメインステージといってもいい空間を作るアイテムです。

◉本棚

本棚は、部屋を演出するアイテムです。部屋を単に自分が生活する場にとどまらせず、人を招き、交流する場として活性化させるために、必要不可欠なモノです。

部屋になければならない、必要不可欠な家具は上記の3点（3セット）だけです。他の家具はすべて、処分を検討してください。

……「え？」と絶句された方もいるでしょう。テレビは？　食器棚は？　洋服ダンスは？　ソファは？

もちろん、本当に必要なモノまで捨てろとは言いません。しかし、それらの家具はあなたの部屋の「掃除の道」を途絶えさせてはいないでしょうか？　もしもその家具を置くことによってどうしても「掃除の道」が断絶してしまうようであれば、処分を検討することをオススメします。

一方、部屋に必要不可欠なベッド、テーブル・椅子、本棚については、ひとまずお手持ちのものをそのまま活用してください。もちろんこれらもより機能的でスタイリッシュなものに買い替えることが望ましいのですが、それは「ヘヤカツ」がある程度進んでから検討する少し先のテーマです。

家具を買い換えるよりも先に、あなたがまずやるべきことは、**ベッド、テーブル・椅子、本棚を適切な位置に配置し直すことと、不必要な家具を処分すること**です。

まずは、ベッド、テーブル・椅子、本棚を適切な位置に配置してみましょう。「部屋の中に家具が多くて、実際に配置し直すのは難しい」という方は、チラシの裏にでも部屋の間取り図を書いてみて、そのうえで試行錯誤してみてください。自然と「ベッド、テーブル・椅子、本棚のあるべき位置」と「部屋にとって不必要な家具」が明らかになってくるはずです。実際の作業はその後でも遅くはありません。

「掃除の道」の目的地はベッド

最初に「ベッド」の位置を決めましょう。**ベッドは「掃除の道」の目的地です。**

快適な生活のためには、ベッド周りがキレイであることが非常に重要になります。ベッドの周りに物が散らかり、ホコリだらけでは、ゆっくり休むことなどできません。

先ほど「コンセント」が掃除の道のスタートラインだと述べましたが、掃除機はコンセントのある場所から出発し、ベッドに向かうというわけです。

あなたの部屋の、**掃除機を置く場所とベッドを結んでみてください。それが「掃除の道」のメインストリート**となります。ここには当然、できるかぎり「太い道」（87ページ）を通す必要があります。

ベッドが「掃除の道」の目的地である理由は下記の2点です。

◉部屋の中で、もっとも長い時間を過ごす場所である

◉髪の毛や衣類・シーツのホコリなどがたまりやすい場所である

つまり、ベッドは「もっとも掃除が必要な場所」であり、「掃除をしたことの恩恵がもっとも大きい場所」でもある。だからこそ「掃除の道」の目的地となるのです。

ベッド周りを掃除しやすくすることは、「ヘヤカツ」の大きなポイントです。

ベッドの長辺を壁につけるな

ベッドは普通の人にとって、**部屋の中に置かれる最大の家具**です。ピアノですら（アップライトピアノであれば）ベッドの半分程度のスペースしか占めません。しかも、使用頻度が非常に高い家具でもある。しかしこれほど巨大で使用頻度の高い家具であるにもかかわらず、私たちはほとんどの場合、あまりにも無造作に配置しています。

例えば、**ベッドの長辺を壁につけたり、ベランダに通じる窓をふさぐ位置に置いたりする人**がいます。この本を読んでいる方の中にも、かなりの人数いるのではないでしょうか。できるだけそういった置き方は避けたほうがよいでしょう。ベッドの長辺を壁につけると、それだけで巨大なスペースの掃除がやりにくくなります。また、ベランダに通じる窓をふさいでしまうと、ベランダの掃除がやりにくくなることはもちろん、後から述べる「洗濯の道」を断絶させることにもつながります（**図2-7**）。

ただ、いくらベッド周りに「掃除の道」を通すと言っても、よほど広い部屋に住ん

[図2-7]

ベッドの長辺を壁につけたレイアウトと、ベッドの短辺を壁につけたレイアウトの比較

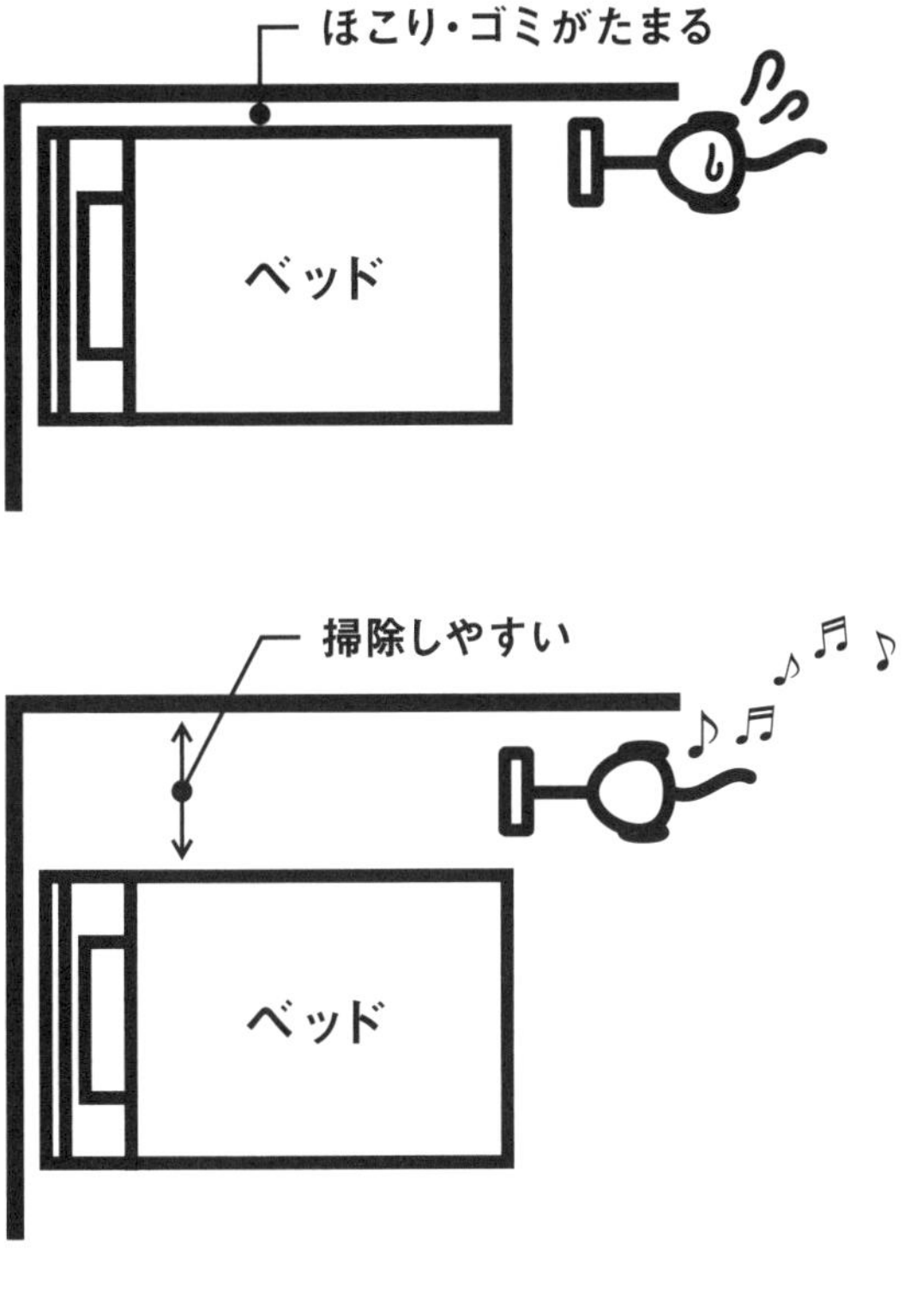

でいなければ、ベッドを部屋の中央に配置するということは難しい。そこで、最低限、**壁につけるのはベッドの短い辺にする**ように心がけましょう。そうすることで、ベッドを取り囲む三方に動線が生まれ、掃除がしやすくなります。さらに、ベッドの長辺と壁の間を20センチほど開ければ、そこには長さ2メートルほどの「細い道」が通ります。こうすることで、ベッドを動かすなど大きな労力を使うことなく、ベッドの周りを掃除機で掃除できるようになるのです。

もっとも大きな家具であるベッドの場所が決まらなければ、他の家具の位置を決めることができません。もちろん、この本を読んでいただいている方は、すでに家具を配置した部屋に住んでいる方がほとんどでしょう。しかしそういう人も、ぜひ自分のベッドの置き方をもう一度、見直してみてください。面倒だと思うかもしれませんが、ベッドの置き方を見直すだけで、劇的に部屋の掃除がラクになるはずです。大人が2人いれば、ベッドと壁の間を開ける作業は5分もあれば終わります。それ以上の効果があることは間違いありません。

テーブルと椅子、本棚の位置を決める

次は、テーブルと椅子の位置を決めます。テーブルと椅子は、部屋のメインステージです。食事をする、ティータイムを楽しむ、本を読む、パソコンで作業する、アイロンをかける、テレビを見る……。私たちが部屋で何かをするときには、必ずテーブルと椅子を使います。

ですから、テーブルと椅子は、部屋の中央近くで、部屋全体を見渡せる場所に置くと良いでしょう。スペースに余裕があれば、ベッドと同じようにテーブルの四方を開けることが望ましいのですが、ワンルームや1LDKのマンションでは難しいでしょう。むしろ、一方の壁に寄せてしまったほうが、反対側の「道」が広く通すことができます。

最後は本棚です。本棚というのは、部屋のインテリアの「主役」ですので、できるだけ、見やすい位置に置きます。これについては後の項（226ページ）で詳しく解説します。

掃除の道を邪魔する家具は処分せよ

さて、モデルケースの1LDKの部屋に、ベッド、テーブル、椅子、本棚を配置しました。部屋の隅々まで、「掃除の道」が通っていることは一目瞭然だと思います（図2－8）。

これが部屋の基本ユニットです。テレビにしても、食器棚にしても、これ以外の家具はすべて、部屋の「おまけ」です。まずは、ベッド、テーブル、椅子、本棚を配置する。そのうえで部屋に余裕があれば、それ以外の家具の配置を考える。それらを置くことによってどうしても「掃除の道」が断たれてしまうようであれば、それらの家具を置くことは諦めてください。

「そんな無茶な。それじゃあほとんどのモノを捨てなければいけなくなってしまう」という悲鳴が聞こえてきそうです。そういう方のために、この後、「掃除の道」を塞

[図2-8]

モデルケースの1LDK ベッド、テーブル、椅子、本棚を配置

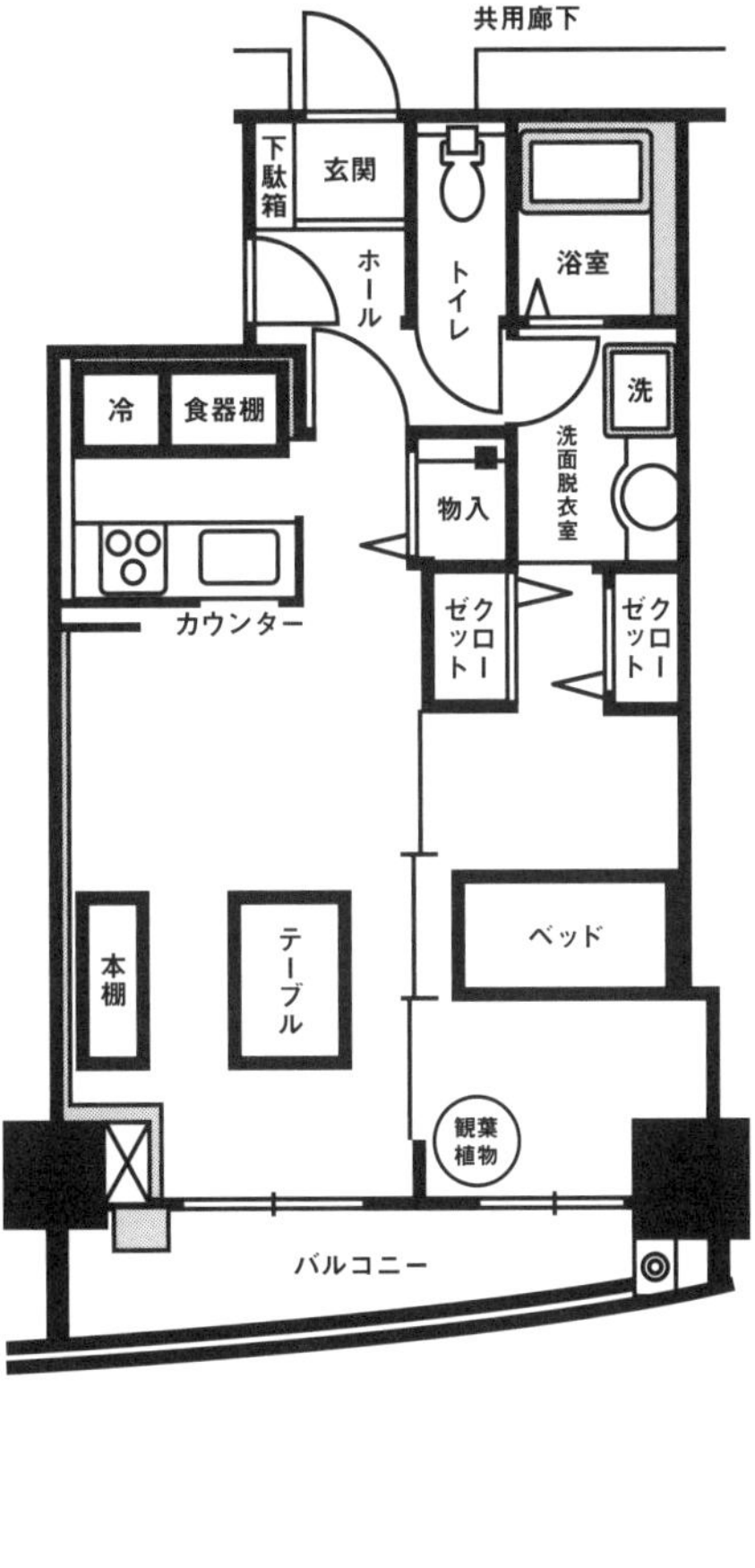

いでしまいがちな余計なモノの処分について解説します。ただし、「ヘヤカツ」ではあなたが本当に大切にしているものまで処分しろとは言いません。例えば音楽好きでオーディオ機器やCDのコレクションを置く場所がほしい人は、それ以外の不要なモノを処分することによって、そのためのスペースを確保すればいいのです。

「そんなにうまくいくだろうか」と思われるかもしれませんが、不用品をしっかり処分していくと、思わぬ場所に、思わぬスペースが現れます。例えば、もう何年も使っていない食器がある人も多いと思います。そうした「使っていない食器」を捨てる。するると、食器棚に片づけなければならない食器の量が驚くほど減って、備えつけの棚だけで十分に食器の収納ができてしまい、食器棚自体が不要となる、ということも起きるのです。

テレビは部屋のリスク因子

ベッド、テーブル・椅子、本棚以外の家具の取捨選択については、それこそ部屋の数だけ答えがあります。ぜひみなさんには、「自分だけの答え」を見つけていただきたいと思います。ただ、多くの部屋に問題をもたらしがちな、ちょっと扱いの難しい家具については、注意が必要ですので、ここで取り上げておきましょう。部屋が散らかるもっとも要注意のリスク因子、それは「テレビ」です。

昭和の部屋において、テレビは常に主役でした。テレビがいわば「上座」に座り、それを取り囲むように食卓が配置されました。裏を返せば、テレビというのはそれだけ部屋において重要なモノと位置づけられ、部屋の空間を強く支配し続けてきたのです。

例えば、いま主流になっている37～42型程度のサイズのテレビの場合、1・6～2メートルぐらいは離れて見なければ、十分な視野角を確保できないと言われています。また、薄型の液晶テレビといっても、ほとんどのものが壁にピタッとつけられるわけでもありません。多くのテレビは、配線のために数十センチは壁から離して設置する必要があります。また、テレビを見るためには、落ち着いて座るソファもあったほうがよい……ということになると、たいていの場合、約3〜4メートル四方ほどのけっして狭いとは言えないスペースが、テレビによって支配されることになるのです（図2-9）。

あなたの部屋に、はたしてそれだけの空間的余裕があるでしょうか。実際問題として、多くの部屋においては、大型のテレビは空間的に非常に贅沢なものと言わざるを得ないでしょう。

ただ、そうはいってもテレビはおもしろい。テレビを見たい。そこで対策として考えられるのは、以下の2点です。

◉ややや小型のテレビに買い換える

◉テレビ台を「可動式」にする

可動式であれば、ホコリのたまりやすいテレビの後ろの床を掃除するのが、ずっと

[図2-9]

テレビは広大な空間を支配する

大型テレビの場合

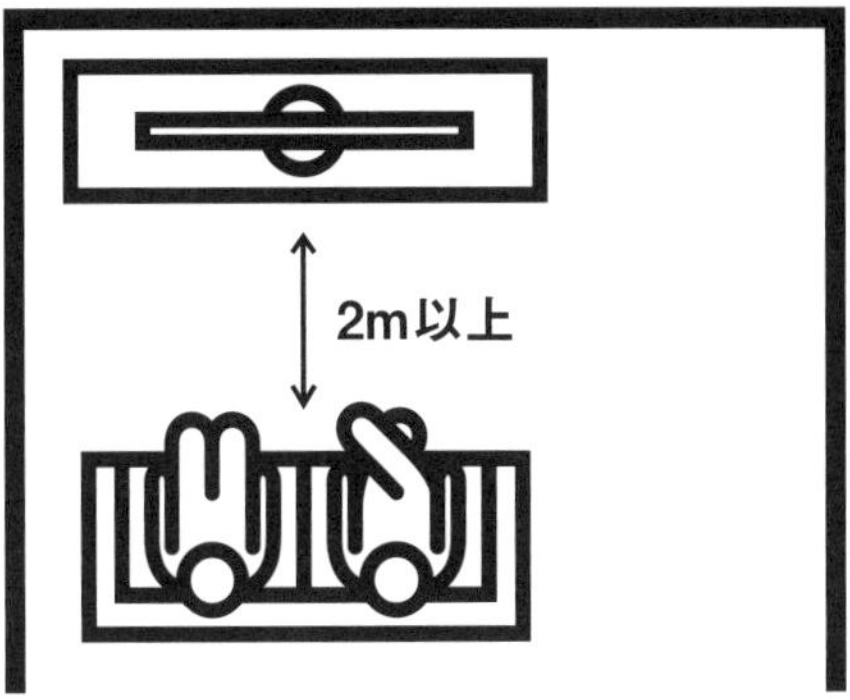

小型の可動式テレビでスペースを有効活用する

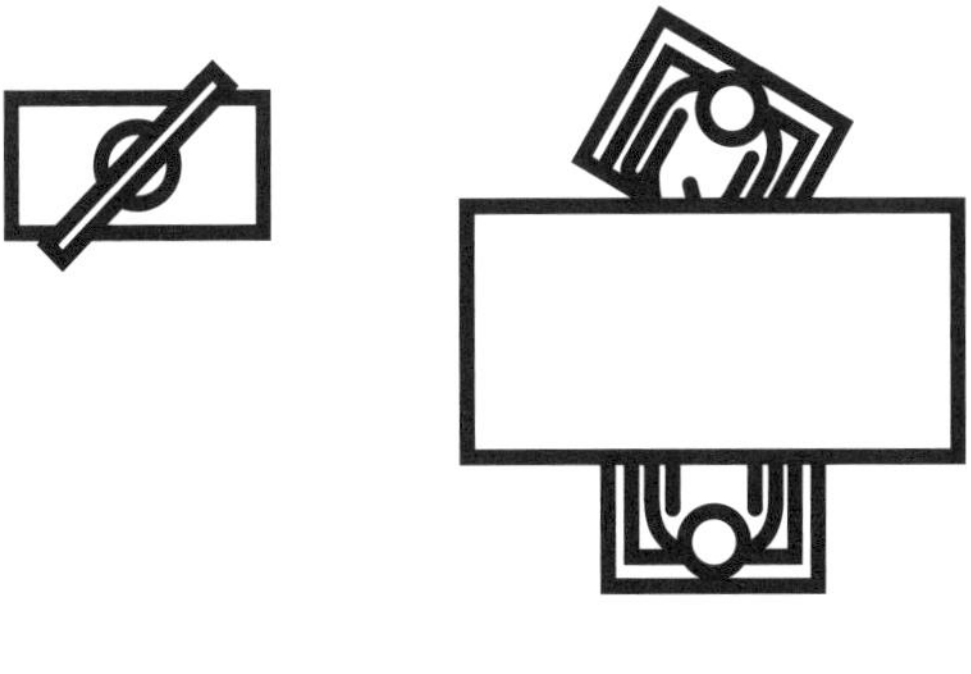

楽になります。また、必要な場所に動かすことができるので、テレビのサイズ自体がそれほど大きくなくても愉しむのに不自由はなくなります。電気代も安くなるでしょう。

37インチ以上のテレビはそれなりに重量があります。テレビ本体だけでなく、テレビ台の重量を考えると、掃除のたびに動かすことは現実的ではありません。すると、一年に一度の大掃除のときにホコリを払えば良いほうで、もう何年もテレビの裏を見ていないという方も多いと思います。ではどうすればいいのか。「26〜32インチ程度のテレビを可動式のテレビ台に載せる」。これが、「掃除の道」が通った部屋を作る際のひとつの「答え」です。ワンルームでの一人暮らしをしている方、あるいは1LDK〜3LDKまでの部屋に夫婦で住んでいる方などにはオススメの方法です。

もちろん、一戸建てにお住まいの方で空間に余裕があるという場合には、大型テレビを設置しても良いと思います。ただ、自分の部屋のことを考えずに、「チラシを見たら安かったから」という理由で大型テレビを購入するのは、もうやめにしましょう。一番大切なのは、あなたの生活です。あなたの生活が快適になるには、何が必要なのか。そういう視点に立てば、自然と買うべきテレビのサイズも見えてくるはずです。

もし、それだけ空間に余裕があるのであれば、逆に「テレビやビデオ（あるいはオーディオ）を愉しむための部屋」を作る、ということを「ヘヤカツ」の目標にしてもよいでしょう。10畳程度のリビングにテレビを置くことを試行錯誤するよりも、独立したAVルームを作るほうが、家全体が素敵な空間になるのではないでしょうか。

女性ならドレッサーを手に入れよう

女性の場合、ドレッサーは優先順位の高い家具のひとつです。こう言うと、意外に思う方も多いと思います。ドレッサーというのは「化粧をする場所」のことですが、今は「洗面所で化粧をするから、ドレッサーは必要ない」という方も少なくない。しかし、もしあなたが女性であれば、ベッド、テーブル、椅子、本棚を配置したら、次に検討すべき家具はドレッサーだといっても過言ではありません。

どうしてドレッサーがそれほど重要なのか。それは、仕事やプライベートで外出するとき、「よし、これからがんばろう！」と気分を盛り上げるのに最適の場所だからです。「ヘヤカツ」の目指すところは、「快適な生活」です。「部屋の中」で良い時間を過ごすだけでなく、「部屋の外」であなたが存分に活躍できるということも、「快適な生活」の大事な要素です。バタバタとしながら、歯磨きも顔洗いも化粧もいっぺんに洗面所で行っているようでは、あなたの持つ女性としての美しさを最大限に発揮できているとは言えません。

そもそも、洗面所というのは「水回り」です。乾燥した粉を使う「化粧」に向いた場所ではありません。**洗面所はあくまで「化粧を落とす場所」であって、「化粧する」場所ではない**のです。

ドレッサーの前で化粧をするというのは、女性にとって、輝く人生を送るためにとても重要なことです。もちろん、ワンルームやコンパクトな1LDKの部屋ではドレッサーを置くことは難しいかもしれません。しかし、基本の家具を置いた後、かなり高い優先順位として、ぜひとも検討してほしい家具のひとつです。

また、ドレッサーを置く場所としては、部屋の中で比較的独立した空間であることが理想です。いわゆる「サービスルーム」と呼ばれるような三畳程度の狭い部屋があればそれがベストですが、ベッドサイドなどに適切なスペースがあれば、そのスペースに合ったサイズのドレッサーの導入を検討してみてください。

収納はできるだけ備えつけ家具で済ませる

食器棚や洋服ダンスといった収納家具については、部屋の構造によって、導入を検討する必要があるのは確かです。ただし、あくまでも **「収納は備えつけの家具でまかなう」** ことを基本にしてください。最近のマンションやアパートは、かなり収納スペースが充実していますが、それでも足りないと感じる方が多いでしょう。つまり、**「備えつけ家具でまかなう」ということは、「できるかぎり余計なモノを持たない」ということ**を意味します。

ただ、日本の住宅事情の実情では、「備えつけの家具に収納しきれない」＝「モノを持ち過ぎ」とは言い切れないのも現実です。どうしても収納家具が必要であるような、備えつけ収納が少なすぎる部屋もたくさんあります。また、備えつけ家具が、必要な場所にないという場合もあります。例えば、マンションでは玄関そのものが小さく作られている部屋がとても多い。そういった部屋では、靴を収納できるだけの十分なスペースが、作りつけの下駄箱にはないというケースも少なくありません。

こういった場合は、収納家具の導入を検討します。では、どのような収納家具を買えばいいのか。ポイントはここでも「掃除がしやすい家具」ということになります。例えば、「脚」の高さが3センチメートル以上ある収納家具を探しましょう。脚の高さが3センチメートル以上あれば、掃除機やクイックルワイパーを下に入れて掃除することができるからです。

突っ張り棒、隙間収納などについては、後で解説します（144ページ）。

コニタンの ワンポイントアドバイス

自分の部屋に、引っ越そう

私たちはほとんどの場合、部屋の広さに対して物を持ちすぎています。しかし、「わかっていても捨てられない」という気持ちもよくわかります。そういう人は「自分の部屋に引っ越す」気持ちで、ヘヤカツに取り組んでみてください。

みなさんはこれまでの人生の中で、何回かの「引っ越し」を経験されていると思います。普段なかなか捨てられない人でも、引っ越しのときにはかなり思い切ってモノを捨てることができます。また、引っ越し先の新しい部屋に家具を置くときには、非常に新鮮な気持ちでレイアウトを試行錯誤しているはずです。

いま自分が住んでいる部屋でも、引っ越してきたような新鮮な気持ちで、部屋に置くべきもの、不要なものを一から吟味していく。そうすると驚くほど「不要なもの」に囲まれて過ごしてきた自分自身に気づくことができます。

そうやって自分の部屋を一から作り直していくと、「クローゼットに掃除機を置く」といった、空間的余裕が生まれてくるのです。

LECTURE 03

モノを減らして空間を「稼ぐ」

モノを減らせば空間が増え、残ったモノを大事にする感覚が育まれます。

Check Point!

「モノ」より「空間」のほうが価値がある!

実際に、「掃除の道」作りに取り組んでみると、たいていの場合、収納場所に入りきらないモノがたくさん出てきます。こういったモノを、そのまま床などに置きっぱなしにしてしまっては「掃除の道」を通した意味がなくなってしまいます。これらのモノは処分すること、すなわちきっぱりと「捨てる」必要があります。

「でも、モノを捨てるのはもったいない……」という感覚を持つ人は少なくありません。しかし、そういう人は**「モノ」を持つことによって、貴重な「空間」、つまり「あなた自身が生きる場所」を失っている**ことに気づくべきです。「モノ」と「空間」とは両立しません。「物をたくさん持っている人」は確実に「空間貧乏」になります。逆にモノを減らせば減らすほど、あなたの部屋の空間は豊かになっていきます。

近年、やましたひでこさんの『新・片づけ術「断捨離」』や、近藤麻里恵さんの『人生がときめく片づけの魔法』などの本が大ヒットしたことからもわかるように、**私たちはこのモノ余りの時代の中で、「モノよりも空間のほうが価値がある」という**

ことに気づきはじめています。

ただ、「ヘヤカツ」では、単に「捨てること」とオススメするわけではありません。もちろん、持ち物を減らすためには捨てる必要はあります。しかし、そこには明確な目的があるのです。それは**「掃除の道」を通す**、ということです。

余計なモノを捨てることによって、部屋はどんどん掃除しやすくなり、循環がどんどん良くなっていきます。私たちの部屋から物が少なくなればなるほど、掃除はラクで、快適で、楽しいものとなります。モノが少なくなれば、「掃除の流れ」がどんどん加速していくのです。

私たちが部屋の中で持つモノには、「適正な量とサイズ」があります。例えば、ワンルームマンションに5人家族用のダイニングテーブルを買ったら、どうなるでしょう。「掃除の道」が途絶えてしまうことは誰の目にも明らかですね。しかし私たちの多くは、こうした例えが大げさとは言えないぐらい、部屋のサイズに不釣り合いなぐらいのサイズ・量のモノを抱えて暮らしています。

「掃除の道を通す」という目的意識を明確に持つ。それをしっかり心に留めておけば、モノを減らし、部屋の空間を広げるヘヤカツに、より積極的に取り組めると思います。

ストックはもういらない

モノを減らしていくうえで、大きなポイントとなるのは**「ストック」を減らす**、ということです。

トイレットペーパーや保存食、ボールペンなどの文房具をストックしておくことで、ある種の「安心感」を得ることができます。真面目な人ほど、しっかりとストックをしていることだろうと思います。しかし、一方で、ストックするということは、確実に部屋の収納スペースを奪っていることを忘れてはいけません。収納スペースがこれらのストックで埋められてしまうと、本来収納スペースにしまうはずだったものが、部屋や廊下にはみ出してしまいます。結果として「掃除の道」が途絶えてしまうのです。

トイレットペーパーやティッシュペーパーについては**「なくなったら買い足す」**ということを原則とし、ワンパック以上は買いだめしないようにしましょう。同じように、他のストックについても、「必要最小限の量」を考えてみてください。「いざというときにはコンビニエンスストアに買いに行く」という選択肢を頭に置けば、**あらゆるストックは「ひとつ」あれば十分**だということがわかります。トイレットペーパーなら予備としてひと巻き、ボールペンなら予備として一本あれば、そう困ることはありません。その「ひとつ」がなくなるまでに、近所のコンビニエンスストアに買いに行けばいいのです。

「コンビニエンスストアで買うと高い。スーパーで安売りしているときにまとめ買いした方がお得だと思う」という人がいるかもしれません。しかし実は、スーパーでまとめ買いするよりも、予備がなくなるたびにコンビニで購入するほうが「お得」なのです。なぜなら、そのような形で**コンビニを利用することは、自分の部屋のスペースを有効利用することになる**からです。

スーパーでまとめ買いするのは「モノを安く買う」ことに過ぎません。多少モノを安く買ったとしても、トイレットペーパーなどよりも圧倒的に貴重な室内の「空間」を占拠して、その「空間のコスト」のほうが高くなってしまえば、「お得」どころか、「損」にもなるのです。

今の日本においては、ほとんどの場合、**モノよりも空間のほうが高価**です。例えばあなたは今住んでいる部屋にいくらの家賃、いくらのローンを払っているでしょうか？　部屋のスペースから計算して、トイレットペーパーのストックが占める家賃はどれほどになるでしょうか？　ちょっと計算してみれば、必要なときに必要なだけ、（一見割高な）コンビニエンスストアで買うほうが「お得」であることは明らかです。コンビニの価格が多少「割高」であったとしても、それは購入するたびに「倉庫代」を支払っていると考えれば、安いものではないでしょうか（**図2－10**）。

合言葉は「空間は金なり」です。

これを肝に銘じてモノを処分してください。モノが減れば減るほど、あなたの部屋の掃除の道は、どんどん太く、すみずみまで張り巡らせることができます。血管内についた異物が除去されることによって血流がスムーズになるように、掃除の頻度も、モノが減れば減るほど、上がっていくことになるでしょう。

［図2-10］

部屋にストックせず、コンビニを「倉庫」代わりにしたほうがいい物品リスト

- ◉トイレットペーパー
- ◉ティッシュペーパー
- ◉ボールペン
- ◉鉛筆
- ◉消しゴム
- ◉封筒・ハガキ
- ◉歯ブラシ
- ◉歯磨き粉
- ◉シャンプー
- ◉洗剤
- ◉石鹸
- ◉電池
- ◉便箋
- ◉切手
- ◉プリント用紙

※これらの物品のストックは必要ありません。洗剤ならば、いま使っているものが「半分」を切ったら次の物を買いに行くなど、ルールを作って管理すればいいでしょう。

衣類は少数精鋭に絞って残りは処分

衣類は「捨てられない」モノの代表格です。「まだ1回しか着ていないしなあ……」「もしかしたらもう1回くらい着るかもしれない」などと考えると、なかなか捨てられません。しかし、処分していくことは必ずできます。衣類を処分するうえで大切なことは、**「自分に似合う少数精鋭の服」に絞り込んで、それ以外を処分する、**ということです。これは当たり前のように聞こえるかもしれませんが、私たちは「自分に似合う」以外の基準で服を捨てきれず、保有し続けているケースが多いのです。

代表的なのは、以下のような理由です。

- **高価だから**
- **まだ着られるから（下着や靴下など）**
- **暖かいから（セーターや冬物のコートなど）**
- **色や仕立てが良いから（ただし、自分にはさほど似合わない）**

◉人からもらったから

こういった理由でクローゼットの肥やしとなっている服は少なくないはずです。「自分に似合う服」というのは、実は限られています。またそれは流行とはまったく無関係です。「流行が変わったから着られなくなる服」や「人からもらったけど、ほとんど着ていない服」というのは、そもそもあなたに似合う服ではないのです。こういったものは思い切って処分してしまいましょう。

洋服の処分について注意していただきたいことは、洋服をいくら処分しても、「ファッションの愉しみ」は損なわれないということです。

本当のお洒落というのは「たくさんの服を着こなす」のではなく、「自分に一番似合う服を着る」ことです。この理解に立つことが、大量の「クローゼットの肥やし」を処分する、第一歩です。

厳選した洋服でいかにお洒落を愉しむかについては、後で詳しく解説します（196ページ）。

本は「読む」から「見せる」時代へ

電子書籍がだんだんと広がりを見せる中で、紙の書籍を持つ意味は「読む」ということから、「見せる」ということにシフトしつつあります。少なくとも、紙の書籍として持っておく冊数は、本棚に余裕をもって収納できる冊数にとどめるべきです。

では、本棚に入りきらない本についてはどうすればいいか。これは処分するしかありません。古紙回収に出すか、古本屋さんに売ってしまいます。もちろん、部屋に余裕のある方は、大き目の本棚を購入するなどして保管してもいいと思います。しかし、「紙の本」を大量に持つことの意味はすでに低下しています。そして、今後、その傾向がますます進んでいくことは間違いない、ということは認識しておくべきです。その理由は次の2点です。

◉本は電子データ化されていく傾向にある→絶版で入手困難というケースは減る

◉パソコンや電子辞書があれば、たいていの調べものは本がなくても可能

突き詰めて考えていくと、**手元に置いておくべき本は、「読む本」というよりも、本棚に陳列して「見せる本」である**という結論に達します。もちろん「読む本」は手元に置いておく必要があります。しかし、同時に読み進められる本はせいぜい5冊程度でしょう。また、ふとしたときに「読み返す本」というのは、冷静に考えればそう多くはありません。読み返したくなったときに手元にその本がなかった場合も、もう一度書店やネットで購入する、あるいは図書館で借りる、といったあらゆる選択肢が、みなさんの前にはあります。

厳選して残った書籍は、本棚に並べます。どのようなことに意識して本棚を作っていけばいいのかについては、後で詳しく解説します（226ページ）。

書類はスキャナで電子化する

書類については、書籍以上に電子化すべきものだと言えるでしょう。重要な契約書など、どうしても紙でとっておかなければならない書類は、もちろんそのまま大事に保管してください。しかし、それはほんのわずかな量のはずです。ほとんどの書類は、電子化するまでもなく処分できるでしょうし、不安があればスキャナーで電子化し、PCの中に保存しておきましょう。代表的な書類の処分法について、まとめてみましたので、参考にしてください。

◉説明書

すべて捨てます。ほとんどの場合、メーカーのホームページにアクセスすれば、PDFでまったく同じ内容の説明書を見ることができます。保証書が説明書についている場合は、保証書だけを切り取って保管します。

◉手紙、はがき

大切な相手からのハガキ、手紙については捨てる必要はありません。大切に保管してください。ただ、「住所を確認する」といった理由で年賀状などを残しておくのはやめましょう。手紙やハガキは「受け取った」時点で目的の99%を達しています。残しておくのは自由ですが、その分、収納スペース、ひいては「掃除の道」を邪魔してしまうことについては、頭の片隅にとどめておくべきです。

◉チラシ、案内、雑誌など

もし、あなたがそれを「今」読んでいないのであれば、すべて捨ててしまいましょう。どうしても気になるものについては、スキャンするなりして保管すればＯＫです。

コニタンの
ワンポイントアドバイス

自炊ブームとヘヤカツ

2010年ごろ、「自炊ブーム」というものがありました。ご存じのない方に説明しておくと、自分の持っている書籍の「背」の部分を裁断してスキャナーにかけ、PDFデータにするというものです。紙の書籍を自分の手で電子書籍（電子データ）にできるということで「自炊」と呼ばれたわけですが、ネットユーザーを中心に流行し、それを代行する業者も現れました。

こうした自炊がブームになった背景には、実は「電子書籍データを自分で持つことができる」ということよりも、紙の書籍（モノ）によって占拠されていたスペースを空けることができる、ということへのニーズがあったのではないか、というのが「部屋を考える会」の見解です。

自炊ブームとは実は、「ヘヤカツ」のひとつの形だったんですね。

食器は1人1セットだけにする

食器については、詳しくは202ページの食器洗いの項で解説します。ここではひとまず、食器を処分する方針をお伝えします。基本的には「洋服」と同じで、自分が食事をする食器を1つに決めることからはじめます。

- ◉茶碗
- ◉お椀
- ◉お皿
- ◉小鉢
- ◉お箸
- ◉湯呑み・コップ

の5点を各1つずつ用意し、使ったらすぐに洗う。そうすれば、たくさんの食器を

コニタンの
ワンポイントアドバイス

イレギュラーな来客のために「日常」を犠牲にしない!

「いつお客さんが来るかわからないし、食器をたくさん用意しておくにこしたことはないんじゃないか」と考える人もいるかもしれません。しかし、イレギュラーな来客のために、日々の日常生活を犠牲にしてしまうのは本末転倒です。お客さんが来るという「楽しさ」を上回る「日々の苦痛」が大量の食器によって生じていませんか? ヘヤカツでは、あくまで日常生活が充実する生活スタイルをオススメしています。日常が充実していればいるほど、お客さんを呼ぶようなイレギュラーなイベントも、心から楽しめるのです。ホストが楽しんでいなければ、お客さんも楽しむことができません。

現代では、宅配サービスなども充実しています。もしお皿の数以上の人数のお客さんを招くことになった場合は、それらを利用するなどすれば対応できます。「お金がもったいない」と思うかもしれませんが、ストックの問題(117ページ)と同じように、「空間のコスト」を考えれば、イレギュラーなイベントで宅配サービスを使うことは、十分に「お得」なこととも言えるのです。

持つ必要はありません。ここでもキーワードは「少数精鋭」です。多少高価でも、1つの食器を3食毎回使うほうが、バラエティに富んだ安物の食器を使うよりもずっと贅沢です。せいぜい、住む人の人数+1枚の食器があれば、そこで生活する人の食器はそれ以上必要ありません。その他はみんな処分してしまいましょう。（これだけで「食器棚」が必要なくなる方も少なくないはずです）

もちろん食器の場合も、「いただきもの」「思い入れのある食器」などは捨てにくいものです。しかし、食器というものは「使ってなんぼ」であり、「使ったから減る」というものでもありません。むしろ、良い食器は使えば使うほど味わいが出てくるものです。少数精鋭で良い食器を何度も何度も使うほうが食事も豊かになり、結果的にモノを減らすことにもつながるのです。

使わない家電・キッチン用品はリストラしよう

次はキッチン用品・家電です。これも必要最低限・少数精鋭をキーワードに、処分を進めます。

キッチン用品は、

- **●包丁（2種類程度）**
- **●まな板**
- **●フライパン**
- **●鍋（大小2つ程度）**
- **●さいばし**

が最小限のユニットになります。キッチン家電については、

◉炊飯器
◉電子レンジ

までは、現代の家庭においては最低限必要なものと言えるでしょう。

これ以外のキッチン用品・家電は、「本当に使っているのか」「本当に必要なのか」という視点から、処分を検討します。特に左記のような家電はスペースも大きく取るために、本当に必要かどうかを検討しましょう。

◉オーブントースター、オーブン
◉ミキサー、ジューサー
◉ホームベーカリー

これらの新しいキッチン家電は使っていて楽しいものであり、スペースに余裕があれば導入しても良いでしょう。しかし、**食器洗いの流れ**を妨げては本末転倒です。

食料品のストックは「災害への備え」にならない

缶詰やインスタントラーメン、乾燥パスタやソバ、レトルトパックなどのストックを貯めている人も多いように思います。食料品については、防災の観点から自宅にも一定の分量を確保しておくべきだという見解もあります。しかし、個人宅の食料品のストックに頼らなければならない被災状況というのはどのような状況かということを、具体的に考えておく必要があります。もちろん、隣家まで数百メートルの距離があったり、孤立したりする可能性の高い集落であれば話は別です。そういった地域においては家にもある程度の広さがある場合も多く、ストックのためのスペースが確保できる場合も多いと思いますので、ある程度のストックをしてもよいでしょう。

一方、**現代の都市生活者にとって、食料品を自宅にストックしておく意味はそれほど大きくはありません**。トイレットペーパーなどと同じように、基本的にはストックを持たず、必要なときに購入するようにしましょう。

一定以上の人口密度都市生活者にとって、本当の意味で「防災」に必要なものが食料品のストックなのかどうか、ということをもう一度問い直しておくべきです。火災で一面が焼野原になったり、近所のスーパーやコンビニからあらゆる食料品が消え、餓死者が出たりするような状況になったときに、自宅に多少の食糧ストックを備えておくことにどこまで意味があるでしょう。気づいたときには消費期限切れになってしまっている現実も踏まえて、考え直すべきだと思います。

定期的に自宅で食事をとっている人の冷蔵庫・冷凍庫にはたいてい数日分の食料品がストックされています。それ以上のストックは、少なくとも「災害への備え」という意味ではほとんど意味を持たないと言っても良いでしょう。

もし災害への備えを本気で考えるのであれば、食料品を大量にストックしておくよりも、日ごろから隣近所の人たちと交流し、困ったことがあった場合に助けあえるネットワークを作っておくことではないでしょうか。**モノを蓄えることよりも、ヒトとの豊かなつながりが、本当の意味での災害への備えとなる**のです。

「ちょっと足りない」がちょうどいい

モノの処分についてここまで解説してきましたが、処分する対象が違っていても、考え方はすべて同じです。それは**「本当に必要なモノだけを持つ」という少数精鋭主義**です。

部屋のスペースを圧迫している原因は人によって違います。大量に本を持っている人もいれば、やたらと洋服を持っている人もいるでしょう。その人がもっとも大量に抱えている「モノ」を処分することができれば、部屋からモノの量を大きく減らし、空間を確保することができるはずです。

しかし、「大量に持っていたモノ」を処分するには、心理的な抵抗があるのも確かです。「この本をまた読みたく（このＣＤをまた聴きたく）なったりしないだろうか」「いざというときに困らないだろうか」と。

ほとんどの場合、「モノを捨てたから困る」という瞬間はやってきません。なぜなら**私たちはいま「モノ余り」の時代に生きている**からです。モノを捨てても、手に入れる手段はいくらでもあります。本なら図書館がありますし、CDやDVDはツタヤで借りることができます。日用雑貨はコンビニエンスストアで購入でき、スーパーには大量の食料品があります。車やバイクもレンタカーやカーシェアリングで事足りる時代です。モノを自分で持っていなくても、ほとんど困ることはないのです。

むしろ、こういう「モノあまり」の時代においては、「ちょっと足りない」という感覚のほうが貴重です。「空腹は最高のスパイス」とも言いますが「足りない」と感じることなしに、私たちは本当の意味で「満足」することはできません。

「足りない」は、現代においてもっともリッチで、贅沢な感覚です。生活習慣病を防ぐには「腹八分」で食事をセーブすることが何より大切なのと同じように、「足りない」ほうが実は精神的に豊かに生きることができる。私たちはそういう時代に生きているのです。

もちろん、モノがまったくないのは困ります。しかし、「ちょっと足りない」ぐらいなら、精神的にはむしろ「豊か」になれるのです。こう考えれば、今までよりももう少し思い切って、モノを処分できるようになると思います。

少数精鋭でモノを大切に「育てる」

モノを減らしていくと、私たちは残ったモノを大切にするようになります。例えば洋服であれば、さまざまなスタイルの服を何十着と着まわす（というよりも、現実にはそれだけ服を持っていればほとんどはクローゼットの肥やしになっているはずですが）よりも、2、3着の一張羅のスーツを手入れしながら着るようになる。実はそのほうが、他人からはオシャレに見えるのです。

本やCDでも同じです。何百冊、何百枚と持っているよりも、本当に大好きな数冊、数枚を手元に置いたほうが、必ず大事に読み、愉しむことができるようになります。

一流の人は、モノを非常に大切にします。そして重要なことは、**「モノを大切にする」ということと、「モノをたくさん持つ」ことは正反対**だということです。アメリカ大リーグでプレーするイチロー選手は、愛用のバットやグローブを大事に使うだけでなく、長く使い続けることでも有名です。それは単なる「モノを大切にしなければいけない」という倫理から来る行動ではなく、実戦的な意味があるはずです。おそらく、「1つのモノを使い続ける」ことによって得られる鋭敏な感覚を、イチロー選手は大切にされているのではないでしょうか。

また、長く、大切に使われたモノには、新たな価値が加わっていきます。アンティークショップに行けば、100年前のテーブルや椅子が、非常に高価に値づけされています（221ページ）。モノの価値は、大切に使い続けることによってどんどん高まっていくのです。

「モノを大切にする」というのはこのように「厳選された精鋭だけを、長く使い続ける」という態度であり、「モノをたくさん持つ」ことの対極にあるような世界なのです（205ページ）。

あれも、これも、それも……とたくさんのモノを持つこと、それらを自分の部屋にためこんで捨てないこと。それは実は「モノを大切にしない」態度だということなのです。

コニタンの
ワンポイントアドバイス

使い続けるモノと、使い捨てるモノを区別する

ここまで本書を読み進めてきた皆さんの中には、「モノを捨てろと言ったり、大事にしろと言ったり、どっちなんだ」と疑問に感じた方もいるかもしれません。

部屋を考える会では、「使い続けるモノと、使い捨てるモノを区別しよう」ということを強調しています。トイレットペーパーや文房具などの多くは「使い捨てるモノ」であり、これらは大事に取っておく必要はありません。一方、机や椅子、(上質な)食器などは、大事に手入れをして使えば何十年と使い続けることができます。

また、同じ用途のモノでも、使い捨てるタイプと、使い続けるタイプを選べるモノも少なくありません。こういった区別をはっきりさせ、使い分けていくことで、あなたの“ヘヤカツ”は数段レベルアップするでしょう。

LECTURE 04

収納の工夫で空間を「貯金」する

「掃除の道」開通に足りない空間は、収納の工夫で「貯金」した空間でまかないましょう!

Check Point!

空間を貯金しておく

たくさんのモノを捨てることによって、ある程度空間を「稼ぐ」ことができても、日本の一般的な住宅事情では、まだ「掃除の道」を開通させるには「資金（空間）」が足りないことが多いと思います。

そこで次に、「空間を貯金する」というテクニックを紹介します。貯金した空間は、掃除の道の開通に使います。

では、「空間を貯金する」とはどういうことでしょうか。

部屋の空間の最大値というのは、このような式であらわすことができます。

延べ床面積×高さ＝部屋の空間

これ以上に、部屋の空間が「増える」とか「減る」ということはありません。ここに家具やあなたの持ち物が置かれることによって、あなたが使うことのできる部屋の空間はどんどん小さくなっていきます。「モノを減らす」というのは、部屋の空間を少しでもこの「最大値」に近づけていくことだと言えます。

一方、この「空間の貯金」というのは、空間を二重、三重に使うことによって、実際の空間よりも「有効利用空間」を増やしていく考え方です（**図2―11**）。

「上」には空間が空いている

もっとも簡単にできる「空間の貯金」は「上」を有効活用することです。例えば、左記のような場所の「上」には、活用されていない空間が残っているケースが多いと思います。

- **冷蔵庫**
- **洗濯機**
- **トイレ**

［図2-11］

空間を貯金する概念図

ボックスを横に並べる、品の字に並べる、縦に積み重ねる

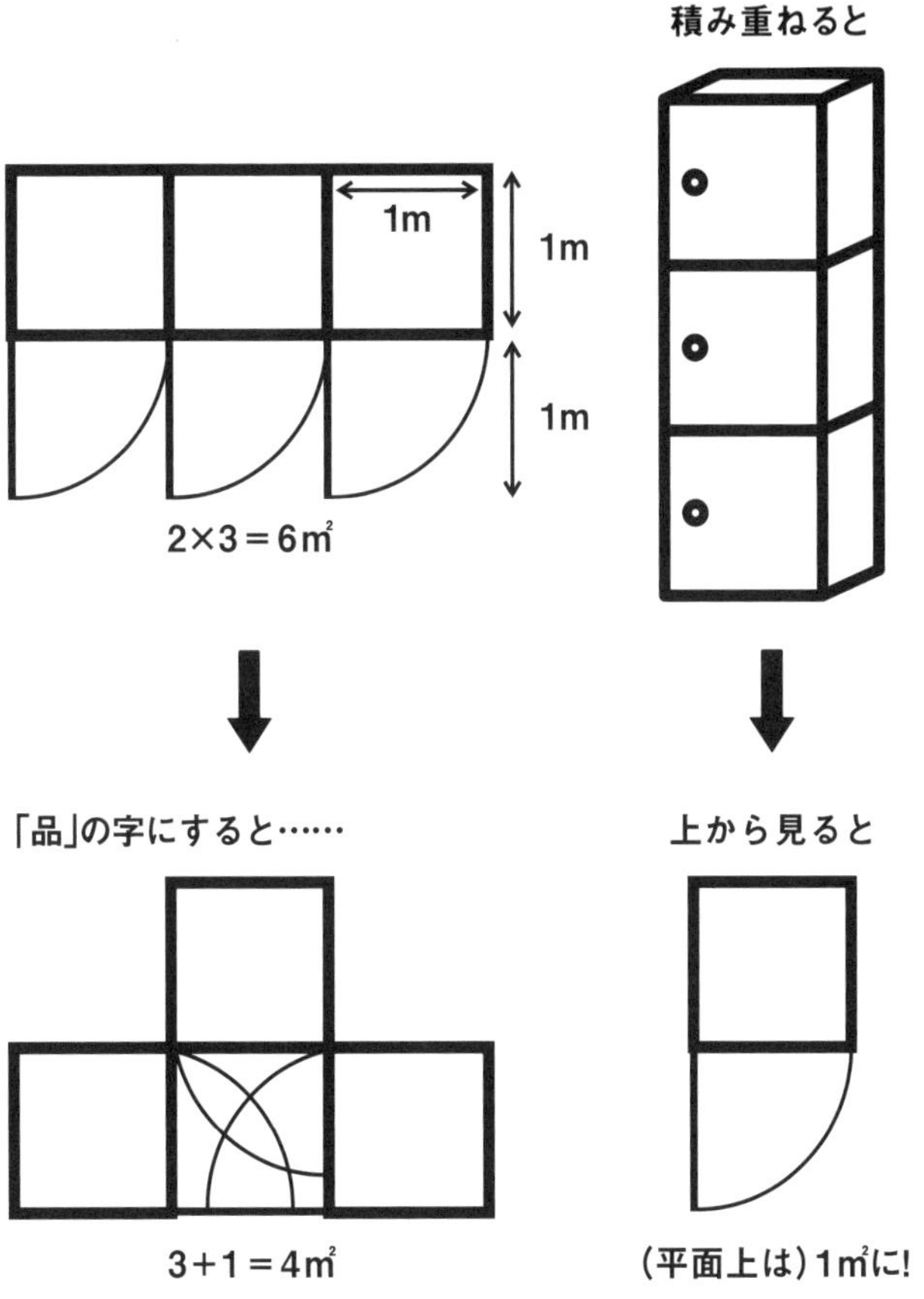

◉玄関
◉本棚
◉クローゼット

これ以外にも部屋の構造、間取りの都合によって「上」に有効活用できる空間を発見できることは少なからずありますので、みなさんも自分の部屋の天井をぐるりと見渡してみてください。

こうした「上」の空間を有効活用する際の定番アイテムが、次の2つです。

◉突っ張り棒
◉突っ張り棚

特にオススメしたいのは、アイリスオーヤマの伸縮棚です（**図2−12**）。デザインがシンプルで、どんな場所にも取りつけることができます。また、無印良品の「組み合わせて使える木製収納」シリーズもお勧めです（**図2−13**）。

［図2-12］

アイリスオーヤマの伸縮棚

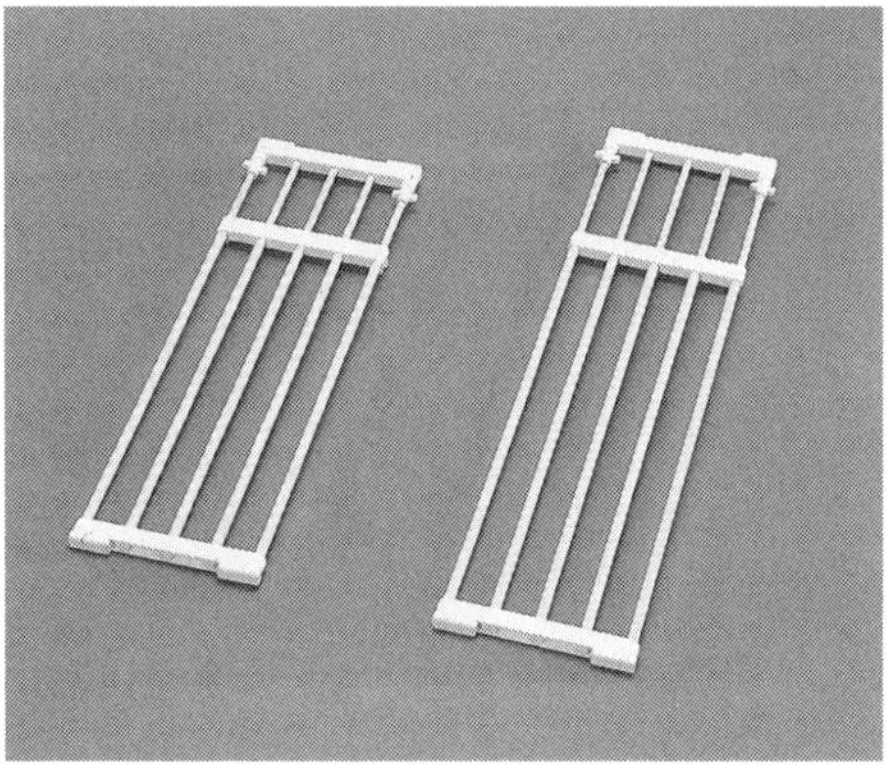

［図2-13］

無印良品
「組み合わせて使える木製収納」

本体・ミドルタイプ・奥行40cm・タモ材／ナチュラル
幅80×奥行40×高さ175.5cm
税込39,000円

可動式の収納で空間を貯金する

キャスターのついた可動式の収納も、「空間の貯金」ができるアイテムのひとつです。例えばこれを食料品のストッカーとして使った場合、普段、キッチンのAのあたりに置いてあるストッカーを、Bのあたりに持っていけば、邪魔になりません。可動式であることで、空間を効率的に使うことができるようになるのです（**図2-14**）。

ただし、可動式の収納については、下記の注意が必要です。

◉あまり大きなものはNG（モノを入れると重くなり、動かせなくなります）
◉可動式収納を動かす動線についてはあらかじめ考えておく

オススメは、無印良品の帆布バスケットです（**図2-15**）。

［図2-14］
可動式収納で空間を貯金する

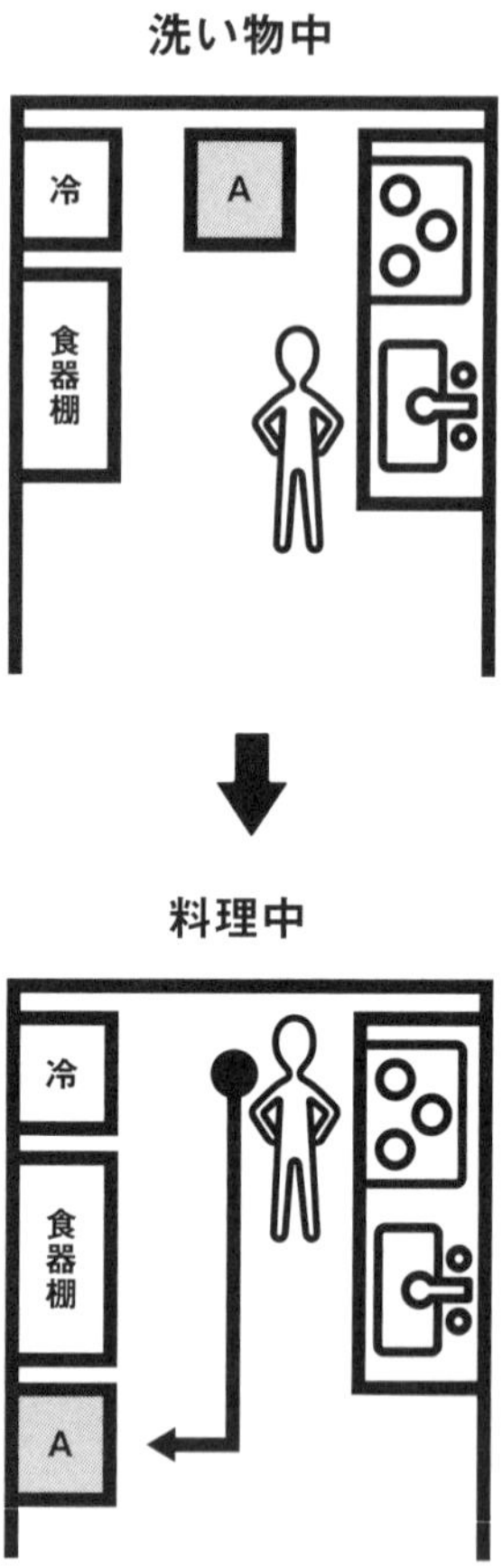

［図2-15］

無印良品　帆布バスケット

帆布バスケットセット・木製棚（幅42cmタイプ）
税込14,700円

貧乏くさい「収納術」はNG！　上限は「7割」

突っ張り棚や可動式収納は、空間を貯金する強力なアイテムであることは確かです。ただし、これはあくまでモノを処分し、空間をできるかぎり稼いでもなおかつ「掃除の道」を通すことができなかったときに活用する、**補助的なテクニック**と考えましょう。

また、突っ張り棚や可動式収納を導入したとしても、そこに収納したモノが「流れて」いなければまったく無意味です。例えば、洗濯機の上に作った突っ張り棚の収納スペースに、10枚以上のタオルが置きっぱなしになっているとしたらどうでしょう？結局、使われるのは一番上に置いたタオルだけで、下のほうのタオルは、洗濯機からの湿気を吸うだけで、何の意味もありません。

あるいはトイレの上に突っ張り棚を作ったとすれば、そこにはトイレットペーパーなど、最低限、トイレで使うものだけを収納するようにします。

突っ張り棚や可動式収納を導入して「空間が貯金」できると、ここぞとばかりにモノを増やしてしまいがちです。しかし、順序としては、こう考えてください。**まずモノを処分して空間を「稼ぎ」、そのうえでまだ足りなければ、「空間の貯金」を使う**のです。

では、収納スペースには、どの程度までモノを詰め込んでも良いのでしょうか。目安は収納スペースの「7割」までにモノの量をとどめておくこと。そうすると、収納されたモノに流れが生じます。引き出しいっぱいにモノを詰め込めば奥のモノを取り出すことができなくなります。本棚いっぱいに本を詰め込むと、取り出すのが難しくなります。「7割」に抑えることで、収納の中にも「流れ」が生まれるのです（**図2-16**）。

[図2-16]
7割だけ使うことで「流れ」が生まれる

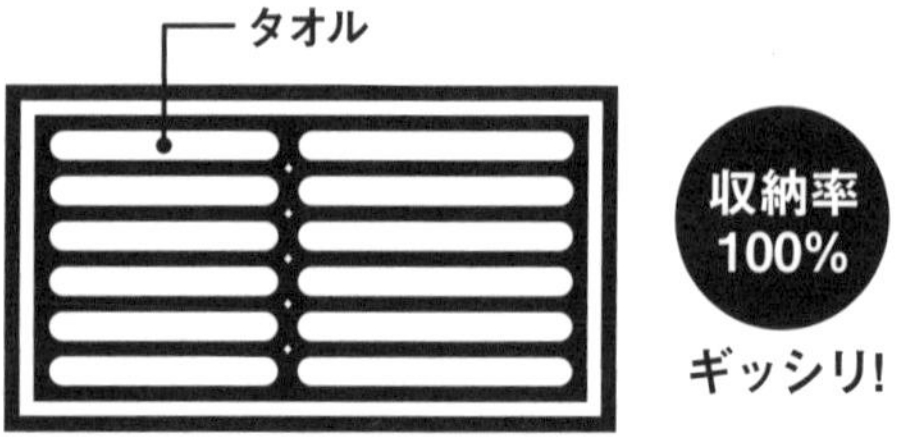

◉新しいタオルを入れることができない
◉下のほうのタオルが使えない

◉新しくタオルを入れることができる
◉下のほうまで使える

「見せる収納」で流れを作る

突っ張り棚で作った収納を、布などで目隠ししたがる人は多いです。また、収納家具を導入する際も、木製の引き戸や観音開きの扉がついたものを選ぶ人が多いのですが、これらは「部屋の流れ」を阻害する要因となるので、オススメできません。

収納家具は、できるだけ「見せる収納」を意識しましょう。見えるからこそ片づけるし、自分の持っているモノの総量を把握することができるのです。

LECTURE 05

「洗濯」と「食器洗い」の道を通す

洗濯・食器洗いがやりやすいように
環境を整えましょう!

Check Point!

部屋の「道」を完成させる

モノを処分し、空間を貯金することによって「掃除の道」を通すことができれば、「ヘヤカツ」は8割方完成です。「掃除の道」が通っているということは、すでに部屋には余計なモノはなく、道はさえぎられていないはずです。よって、残りの2割の洗濯と食器洗いの道は、それぞれの道が機能的に「流れる」ように工夫すれば良いことになります。それでは、間取り図上で、「洗濯の道」と、「食器洗いの道」を見てみましょう。

掃除が避けて通れないのと同じように、「下着や服」を着て生活し、「シーツ」の上で眠るという生活を送る以上、「洗濯」を避けて通ることはできません。同じように、食事をする以上、「食器洗い」は欠かせません。

掃除が部屋にとっての「血液の流れ」だとすれば、洗濯は「呼吸」、食器洗いは「消化・吸収」にあたるぐらい大切なものです。そして、それらは互いに、深く関係し合っています。これも、人間の身体の中で呼吸と循環、消化・吸収が複雑に絡み合

［図2-17］

間取り図
洗濯の道と食器洗いの道

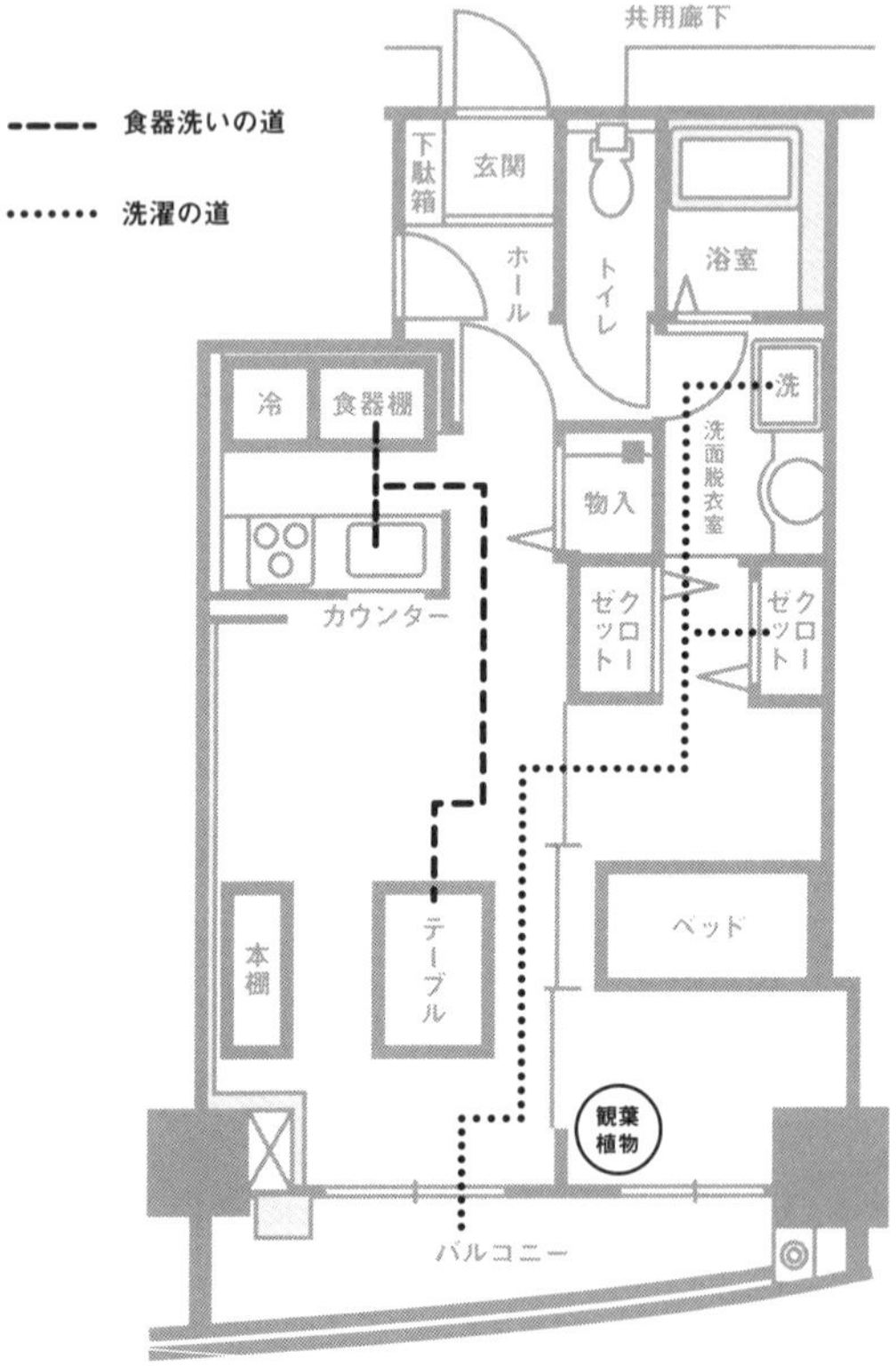

[図2-18]
掃除・洗濯・食器洗いの関係

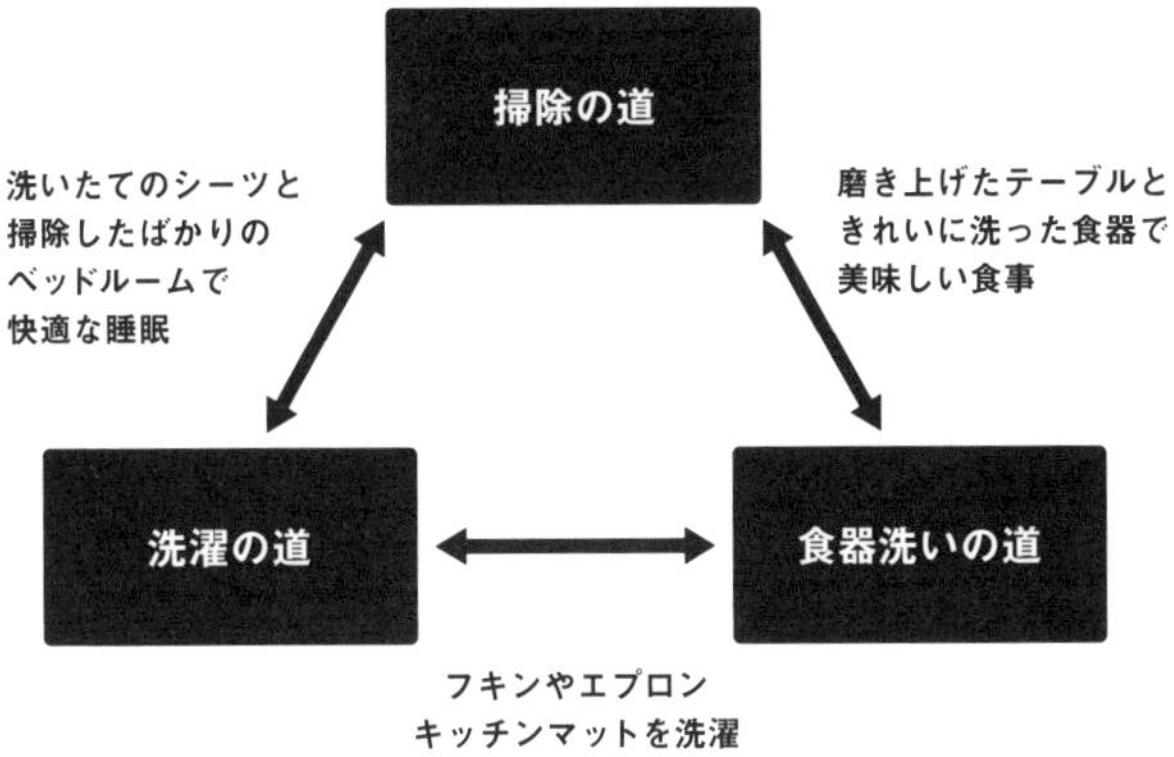

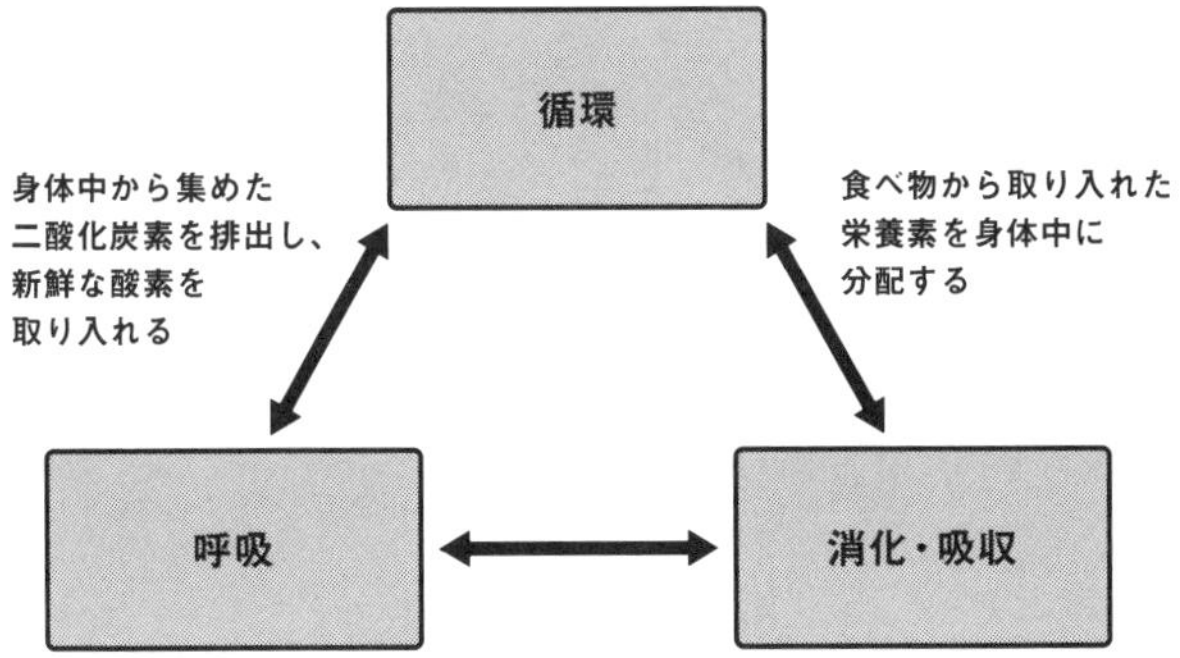
エネルギーを作ったときに
生じる二酸化炭素と水を排出する

って人の身体が機能しているのとよく似ています（**図2－17、2－18**）。

洗濯の道を作る

さて、「洗濯の道」を考えるには、「洗濯物」が部屋の中で、どのような「旅路」をたどるのかを知る必要があります。ここでは朝、目を覚まして、ベッドの周りでパジャマから部屋着に着替えたときを「洗濯の起点」と仮定しましょう。

洗濯物は、①ベッドや浴室の前から、②洗濯物カゴに運ばれます。ある程度たまった洗濯物は③洗濯機で洗濯され、脱水が終わると、④ベランダ、あるいは浴室乾燥機のついたお風呂で干されます。乾いた洗濯物はきれいにたたんで、⑤クローゼットや洋服ダンスにしまわれます（**図2－19**）。

ここまでが、一般的な洗濯物が移動するルートです。①については、帰宅してお風呂に入るときというパターンもあります。ここまでの「流れ」を整理してみましょう。

[図2-19]

洗濯の道

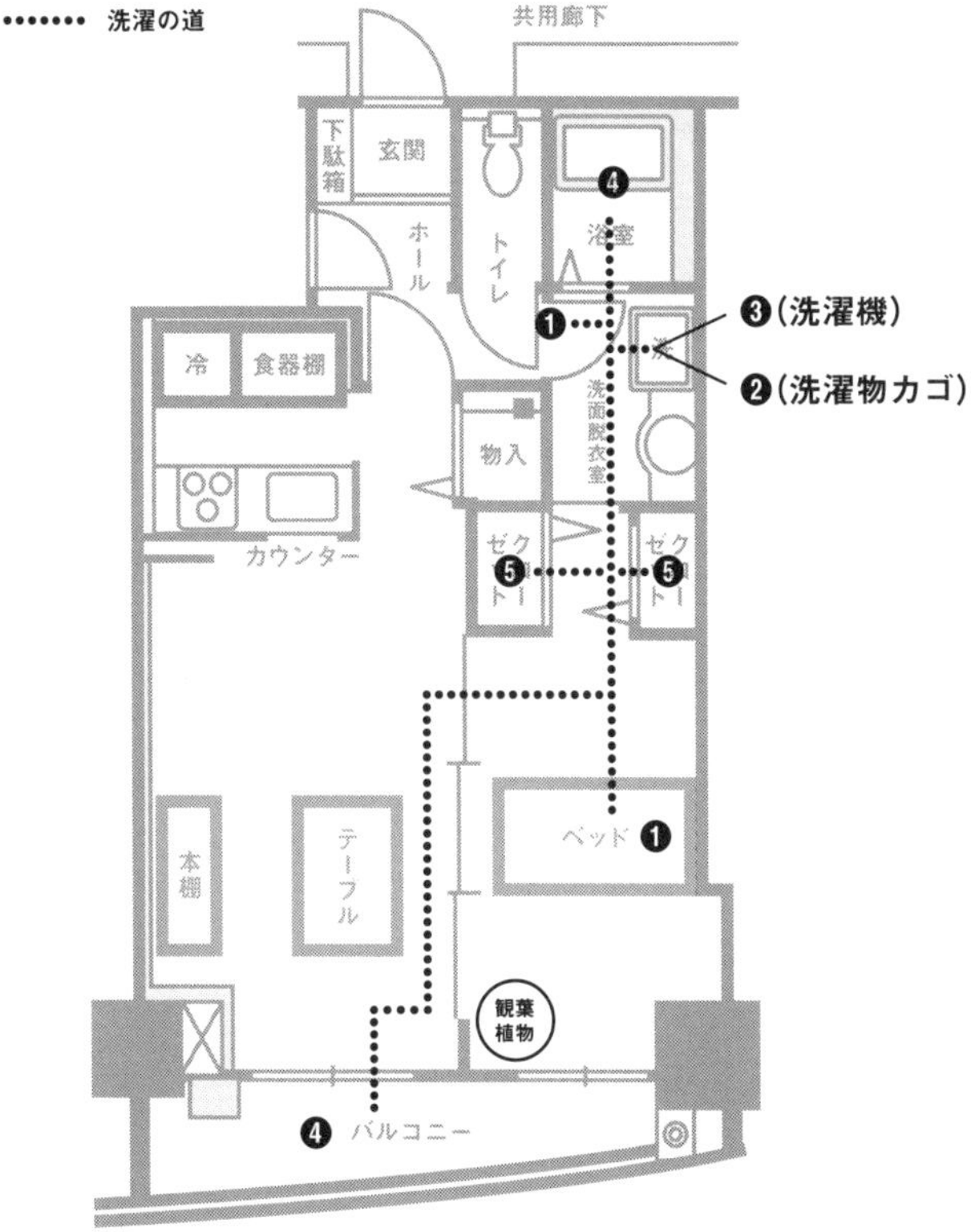

••••••• 洗濯の道
共用廊下
下駄箱
玄関
ホール
トイレ
浴室
❹
❶
❸(洗濯機)
❷(洗濯物カゴ)
冷
食器棚
洗面脱衣室
物入
カウンター
ゼクト
❺
❺
ゼクト
ベッド ❶
本棚
テーブル
観葉植物
❹ バルコニー

①ベッド・浴室の前（服を脱ぐ場所）
②洗濯物カゴ
③洗濯機
④ベランダ・浴室乾燥機（干し場）
⑤クローゼット・洋服ダンス（収納）

まずはこれを「洗濯の道」の基本ルートと考えてください。その他のシチュエーションは、この基本ルートを応用することで対応できます。

例えばシーツと枕カバー、タオルについては、次のような「洗濯の道」となります。

①ベッドの上・浴室・洗面台など（使用）
②洗濯物カゴ
③洗濯機
④ベランダ・浴室乾燥機（干し場）
⑤タオル、シーツ置き場（収納）

⑤の洋服ダンスがシーツ置き場に変わる、ということ以外は、基本的なルートは同じだということがわかります。「シーツ置き場」という言葉は聞き慣れないかもしれませんが、これはぜひ用意しておくべきでしょう。ベッドの近くにあるクローゼットがその候補です。いずれにしても、この①~⑤ができるだけスムーズに流れるように環境を整える。それが、「洗濯の道」の作り方です。

「洗濯の道」を通すにあたって問題なのは、浴室と洗濯機置場、クローゼットやベランダの位置については、間取りによって決まっていることです。掃除の場合と違って、「どこで洗うか」「どこで干すか」を選択できません。そういう意味では洗濯の動線がきちんと確保された間取りの部屋を選ぶことも重要ですが、みなさんは、いま住んでいる部屋の間取りにしたがって「洗濯の道」を整えていきましょう。

「洗濯の道」を通すときに重要なのは、「洗濯物カゴ」を用意しておくことと、洗う場所、干す場所、たたむ場所、しまう場所のそれぞれの作業の場を使いやすく整えておくことです。

クローゼットと洋服ダンス

備えつけのクローゼットではなく、洋服ダンスを使う場合には、「洗濯の道」の観点から、洋服ダンスを置く場所を決めます。

①ベッド・浴室の前（服を脱ぐ場所）
②洗濯物カゴ
③洗濯機
④ベランダ・浴室乾燥機（干し場）
⑤洋服ダンス（収納）

この「洗濯の道」をよくよく見ることでわかるのは、洋服ダンスの置き場は、**干し場（ベランダor浴室乾燥機）と、服を脱ぐ場所（ベッドor浴室の前）の間がベスト**だということです。

例えば、あなたが浴室乾燥機付きのマンションに住んでいて、服を脱ぐのはだいたいお風呂の前、という人であれば、話はすごく簡単で、服を脱ぐのも干すのも浴室なのですから、洋服ダンスも浴室に近い部屋に置いたほうが「洗濯の道」は短くなり、「流れ」もスムーズです（図2－20）。

一方、「洗濯物を干すのはベランダで、着替えるのはベッドの近く」という人の場合は、もう少し複雑になります。洋服ダンスの置き場所は、ベッドと洗濯機（洗濯物カゴ）の間で、ベランダの近くにある必要もあります。洋服ダンスとベランダとの間の動線が、すっきりと通っていることも大切です。

この場合、「洗濯の道」は、次のように流れていくことになります（図2－21）。

①ベッドの近くで着替える
②洗濯物カゴへ
③洗濯機で洗う
④ベランダに干す
⑤取りこんでベッドルーム近くの洋服ダンスへ

[図2-20]

お風呂・浴室乾燥機

⇕

洋服ダンスの道を通す

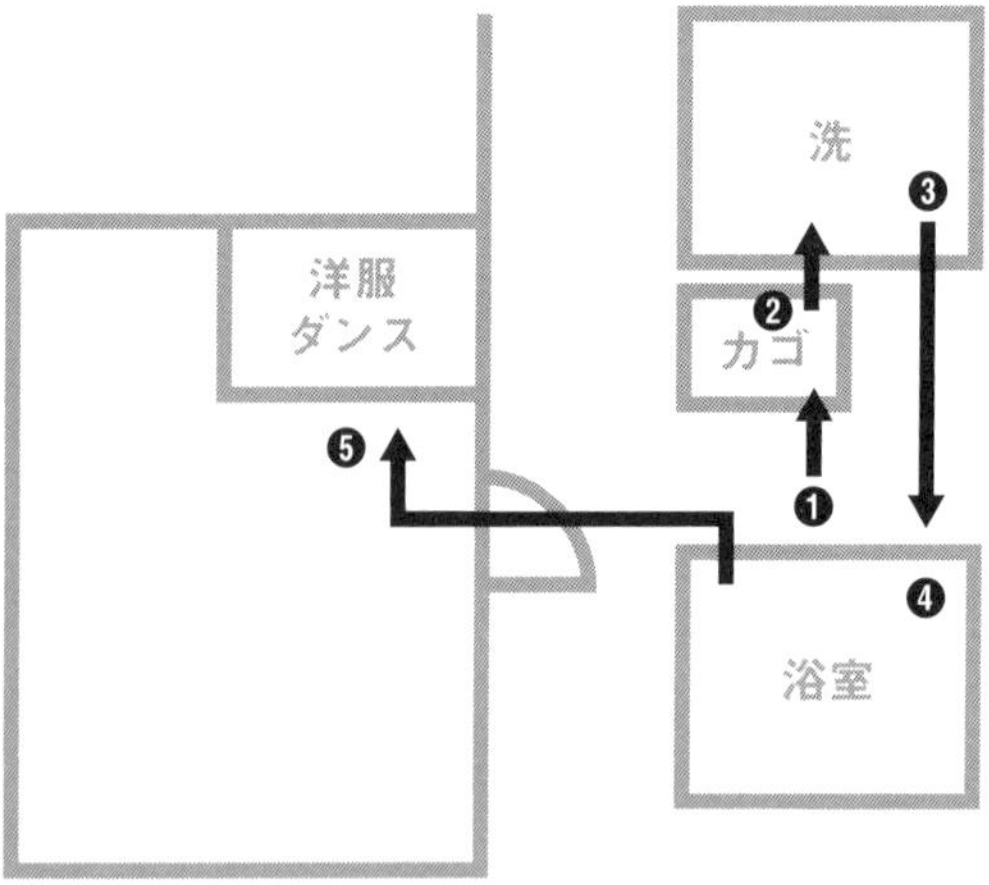

［図2-21］
ベッド ⇒洗濯物カゴ⇒洗濯機 ⇒ ベランダ（干し場）⇒ 洋服ダンス

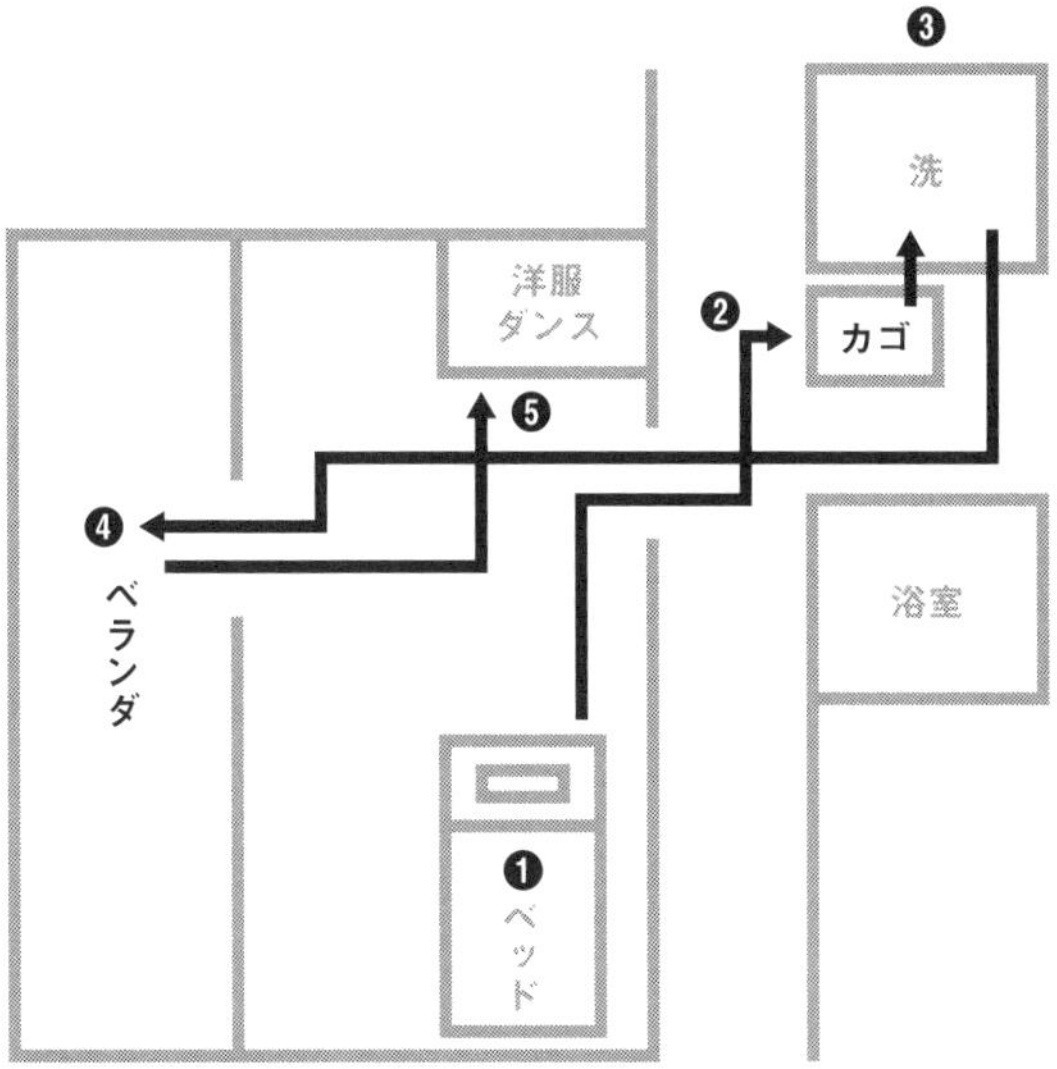

食器洗いの道を通す

食器洗いの道の基本は以下のとおりです。

①食器棚（しまう場所）
②テーブル（使う場所）
③シンク（洗う場所）
④水切り（乾燥させる場所）（→①食器棚（しまう場所））

①食器棚から食器を出し、②キッチンで盛りつけてテーブルに出し、食事をしたら、③シンクで洗います。洗った食器はすぐに、④水切り場に乗せて乾燥させます（**図2－22**）。

「食器洗いの道」は、距離としては短く、間をさえぎるものはなさそうです。だから、「流れ」を通すのも簡単そうに思えますが、実際はなかなか難しい。例えば、ついついテーブルやシンク、水切り場に食器を置きっぱなしになってしまうことも少なくありません。特にシンクに汚れた食器をためてしまうと汚れがこびりつき、食器洗いに余計な時間がかかってしまいます。

こういったことが起きる原因は、掃除や洗濯と同じく、「食器洗いの道」が十分に通っていないことにあります。「食器洗いの道」を通すためのポイントは、次のとおりです。

◉テーブルの上には何も置かない

テーブルの上にパソコンや新聞などを置きっぱなしにしていると、すぐに食器を出すことができません。また、「何も置いていない状態」を基本にしておくと、食事が終わった食器をすぐにシンクに運ぶことが習慣化されます。

◉シンクに持ってきた食器はその場で洗う

シンクに食器を持ってきたら、その場ですぐに洗います。洗った食器は水切り場に移動させますので、「シンクに食器がたまっている」という状況は一切ないということになります。

◉乾燥したらすぐに食器棚にしまう

水切り場に置いた食器をそのままにしていると、②で洗った食器を水切り場に置けなくなってしまいます。乾燥させた食器はすぐに食器棚にしまいましょう。

シンク周りに置くべきものは、

◉石けん
◉台所用洗剤
◉スポンジ

の3点です。水切り場のスペースをどれくらい取るかということは大きなポイント

［図2-22］
食器洗いの道

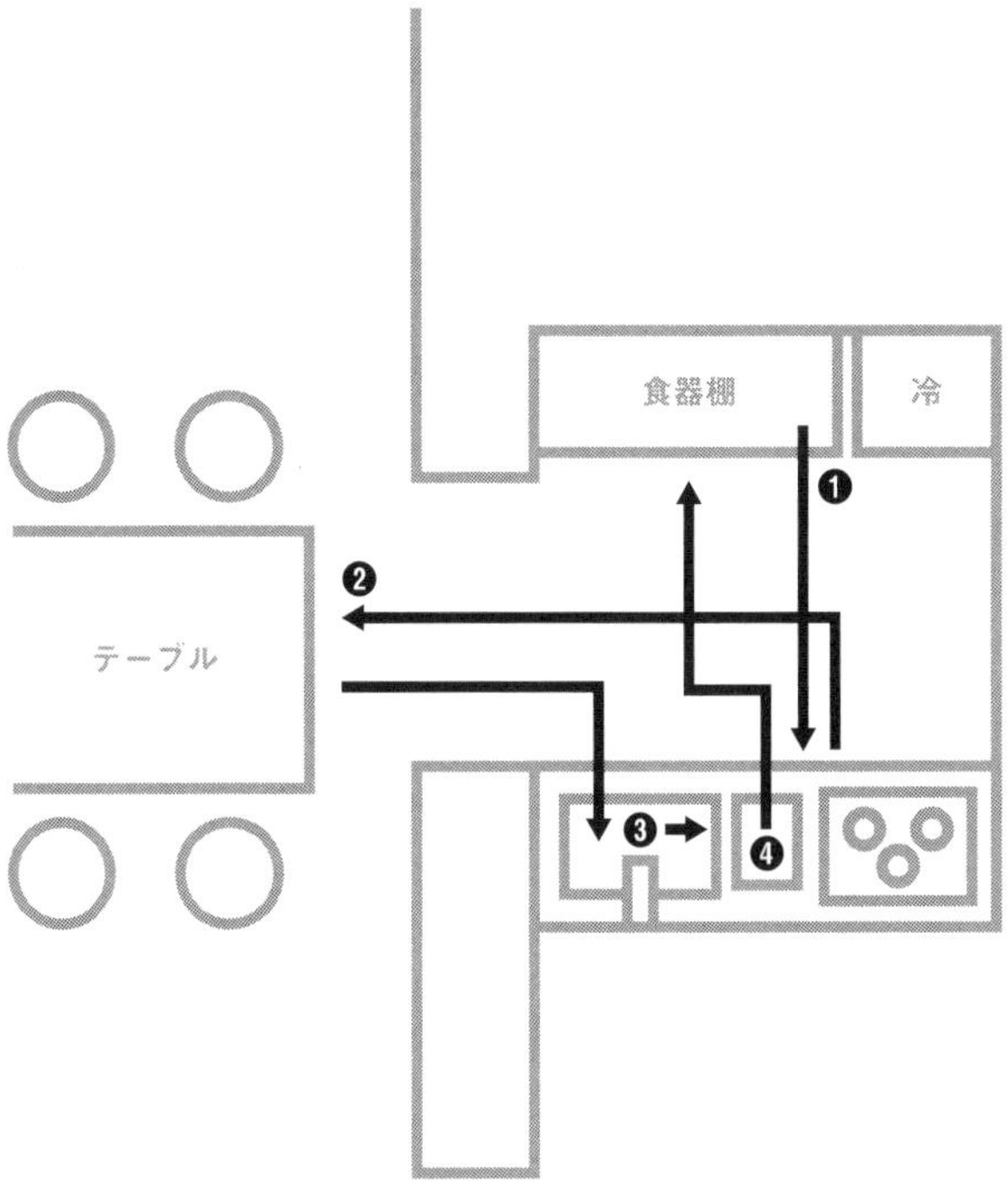

ですが、これは家族の人数や使う食器の種類によって変わってきます。ただし、シンクの横に渡すタイプの網型の水切りは、よほどシンク自体が広い部屋でないかぎり、使ってはいけません。とにかくシンクは広く使う。そのほうが「食器洗い」がやりやすくなり、「食器洗い」の「流れ」が良くなるからです。

「シンクに網をかけないと、水切りスペースなんて確保できない！」という人は、おそらくコンロの横のスペースに炊飯器や調味料入れ、あるいは使っていないヤカンや鍋が置きっぱなしになっているのではないでしょうか。まずはそれを片づけてしまいましょう。

シンクとコンロの間のスペースには何も置かない。これが「食器洗いの道」を通す基本です。

3つの道が通れば、「ヘヤカツ」はひと段落

掃除の道、洗濯の道、食器洗いの道の3つを通すことができれば、「ヘヤカツ」は

ひと段落です。

あとはそれぞれの「流れ」に乗るようにして、掃除、洗濯、食器洗いを愉しんでください。この本の中で何度も繰り返しお伝えしているように、そこには「努力」は必要ありません。掃除も、洗濯も、食器洗いも、きちんと「流れ」を通せば、楽しくて仕方がないものになります。

コニタンの
ワンポイントアドバイス

鍋・フライパンも
すぐに洗ってね!

鍋やフライパンの洗い方・しまい方も、食器洗いとまったく同じ。使ったらすぐに洗って、シンクにはためないように。特にフライパンの油汚れは時間が経てば経つほど、落ちにくくなります。

また、「洗い桶」を使っている人も多いと思いますが、部屋を考える会では推奨しません。もちろん、洗い桶を使っても、すぐに洗えば問題はありません。しかし「桶」という形状は、どうしても人に「ためる」という行動を促しがちです。うっかりして、油汚れのついたものと、飲み物を飲んだコップなどを一緒の洗い桶に入れてしまうと、かえって洗い物の手間が増えてしまいます。

「使ったものはすぐ洗う」を原則にするのであれば、洗い桶は使わず、シンクには常に「何もない」状態を保つことを原則にしましょう!

Chapter

3

流れの良い部屋で「セイカツ」を愉しむ

LECTURE 01

掃除を愉しむ

掃除を他人やロボットに任せるのはもったいない。自分でやったほうが、人生が豊かになりますよ!

Check Point!

ルンバは使うな

ここまでヘヤカツを実践してきたことで、あなたの部屋には「掃除の道」をはじめとした3つの道が通りました。もちろん、「ヘヤカツ」に「終わり」はありませんので、日々生活をする中で3つの道に「滞り」を感じたら、その都度「ヘヤカツ」を行ってください。ただ「ヘヤカツ」は「ゴール」ではありません。ヘヤカツが一段落したら、流れの良くなった部屋で「セイカツ（生活）」を愉しんでください。

「道」が通り、「流れ」が生じた部屋で行う掃除、洗濯、食器洗いは楽しいものです。せっかくですから、自分の手で、それを楽しむ。そもそも「掃除をする」「洗濯をする」ということは、人間の生活の本質です。人間が生きている以上、ゴミは出るし、ホコリはたまります。**掃除・洗濯・食器洗いは人間の宿命であり、部屋の運営において欠かすことができないマストジョブ**です。だからこそ、掃除の質を上げれば上げるだけ、回数を増やせば増やすだけ、部屋の機能は高まり、結果としてそこに住む人の人生も上向きとなっていくのです。

いま、ルンバに代表されるような機械式掃除機が広まりつつあります。また掃除のような「非生産的な仕事」は外部のサービス業者に頼めば良い、という考え方の人もいます。しかし、そうやって**自分で掃除しないことによって失うものは非常に大きいのです。**なぜなら、**自分で掃除することによってはじめて私たちは、自分の部屋の状態を自分の目で確認することができる**からです。自分たちが普通に生活することによってどれくらい部屋が汚れていくか、どれくらいホコリがつもっていくのかということは、自分で掃除をした人でなければ気づくことができません。

部屋が「自分」の状態をあらわしているのだとすれば、**掃除をすることによって、私たちは無意識のうちに、「自分の部屋の健康状態」、もっと言えば「自分の心身の健康状態」をチェックしている**と考えることもできるのです。

実際、部屋のホコリ、いわゆるハウスダストには、実は人間の垢やフケ、あるいはそれを食べるダニの死骸などが大量に含まれています。つまり、**自分の部屋を掃除するというのは、自分の垢やフケを掃除する、ということでもあります。**そう考えてみると、部屋を掃除することが、私たちは自身の身体をチェックしていることにつながるというのは、けっして飛躍した考え方ではないのです。

掃除には人として生きる快感がある

もうひとつ、より本質的な話をします。掃除というのは本来、それ自体が気持ちよくて、達成感があるものなのです。

例えば、「コイン洗車場」のように、お金を払えば機械があなたの身体を洗ってくれるサービスがあったとします。でも、それを利用する人はあまりいないと思いませんか。あるいは、「一生大便が出なくなるサプリメント」が売っていたとして、それを飲みたがる人は少ないのではないでしょうか。

身体から出る垢や排泄物は、確かにそれ自体は汚くて不快なものです。しかし同時に、お風呂に入ったり、排泄したりすることそのものは、とても気持ちが良いものです。自分の身体を磨き、身体から不要なものを排泄することには、スカッとした爽快感を伴います。その体験を奪われるのは、人生から「気持ちいい体験」が失われるということです。ですから、みんな「大便をしたくない」「風呂で身体を洗いたくない」とは言わないのです。

本来は、掃除も同じはずです。やればやるほど気持ちいい、爽快なレジャーといってもいい作業です。ところが、掃除については面倒くさがったり、人に任せようとしたりする人がいる。その理由は、本書をここまで読み進めてきた方にはすぐピンとくるはずです。

そうです。「掃除はただただ苦痛なもの」と考える人の部屋では、薄汚れた掃除機が部屋の片隅に放置され、掃除の道をはじめとした部屋の動線が途切れてしまっているのです。だから掃除をするのが面倒で仕方がなくなるのです。

「ヘヤカツ」を行ったあなたの部屋は、掃除をやればやるほど充実感が生じる素敵な部屋に変わっています。「早く掃除がしたい！」。それは部屋を変えることをせず、掃除を軽視する人生を送っている人には決して訪れない幸せな衝動です。ぜひ、掃除ライフを愉しんでください。

掃除は「気づいたとき」にやる

「掃除の道」が通った部屋を掃除するのはごく自然で、楽しいことです。ですから、特に「掃除をするため」のノウハウは必要ありません。あえて効率的な手順をあげるとすると、次の3つになります。

①羽ぼうきで棚や家具からホコリを落とす
②掃除機で吸う
③クイックルワイパー or 雑巾で水拭きする

まずは家具を羽ぼうきではたいてホコリを落とします。そして、落ちたホコリを掃除機で吸い取ります。掃除機をかけるコツは、ノズルを頻繁に往復させるのではなく、ゆっくりと動かすことです。掃除機でホコリを吸い取ったら、クイックルワイパーか、もしくは絞った雑巾で拭きましょう。

拭き掃除には洗剤は必要ありません。水で絞った雑巾で床を拭きとるだけで十分です。もし洗剤が必要なぐらい落ちにくい汚れを発見したとすれば、それは部屋が病んできているサインだと考えましょう（汚れがこびりつくぐらい長い間、その場所を掃除していなかった証拠です）。その場合に使う洗剤も、専用の洗剤は必要ありません。台所用の中性洗剤でほとんどの場合は対応可能です。

羽ぼうき→掃除機→雑巾。この順序で掃除を行えば、手順的には無駄は生じません。ただし、これは時間があるときの「フルセットメニュー」と考えてください。空き時間にふと思い立って掃除するときには、掃除機をかけるだけでも、あるいはクイックルワイパーや雑巾で水拭きするだけでもいいのです。

「ヘヤカツ」において重要なことは、フルセットの掃除メニューを完璧にこなすことよりも、**「思い立ったとき」「気づいたとき」にその場ですぐに掃除をする**ことです。「時間が十分にあるときに、部屋全体を一気にキレイにしてやろう」などと考えて、「掃除をためる」ことは絶対にやめましょう。汚れは時間ごとにたまっていきます。「ためて一気にやる」のは効率的なようでいて、「汚く汚れた部屋」で過ごす時間を伸ばすだけなのです。（67ページ参照）

例えば、ある日の夕方に、ベッド周りを見て、「あ、ちょっと掃除したほうがいいかな」と思ったとします。そこですぐに掃除をするという「たった5分」の手間を惜しむか惜しまないかで、「清潔なベッドで眠る」か「ホコリっぽい寝室で眠る」かの違いが出てしまいます。

このちょっとした「面倒くさい」という思いが生じないためにも、「掃除の道」をできるだけ通しておき、掃除機などの掃除用具を清潔に保っておく（62ページ）ことが重要なのです。

玄関に靴を置いてはいけない

玄関掃除のポイントは、「玄関のタタキに靴を置かない」ということです。脱いだ靴は必ず下駄箱に入れるようにしましょう。ただし、日本の住宅では玄関スペースが小さく作ってあるケースも非常に多いため、下駄箱に入りきらない、ということも良くあります。

そういった場合には、突っ張り棒・突っ張り棚を使った「空間の貯金」（140ページ）を活用すると良いでしょう。決してタタキに靴を置かないようにする。それだけで、玄関が「部屋の顔」としての機能を取り戻します。部屋に入ってくるときも気持ちよく入ることができますし、部屋から出て行くときも気持ちよく出て行くことができる。そして、何より、タタキに靴をはじめとしたモノがなければ、掃除機やホウキで砂を掃き出すことによって、簡単に掃除することができます。いつも**キレイな玄関を保つカギは「タタキに靴を置かない」ということ**なのです。

いかがでしょうか。ここでちょっと本を閉じて、玄関を見に行ってみてください。あなたの部屋の玄関に次の2つが敷いてありますか。

◉玄関マット

◉泥落とし

残念ながら、すぐに捨ててください。これらは、掃除をしていない状況を「隠す」ものであって、本質的に「キレイ」にしてくれるものではありません。それは、いつもキレイな部屋に保つことを目標とする「ヘヤカツ」においては、不要どころか積極的に捨てるべきものです。余計なものは徹底的に捨ててしまうことで、掃除のハードルをできる限り下げ、いつも自然と「キレイ」な状態が保てるようにしましょう。

玄関での原則は、ベランダにおいても同様です。特にベランダで洗濯物を干す場合には、余計なものを置いていないということが、「洗濯の道」（158ページ）を通すうえでも重要なカギとなります。また、ベランダには砂ぼこりがたまりやすく、こまめに掃除をしておかないと不潔になりがちです。ベランダにも徹底的に余計なモノを置かないことで、掃除の心理的ハードルを下げることができます。

風呂掃除を「手抜き」できるようにする

風呂掃除は手を抜いてしまいましょう。「えっ、いいんですか」と驚く方の声が聞こえてきそうです。でも、掃除を重視する「ヘヤカツ」において、もっとも掃除の手を抜いてもよい場所が「お風呂場」です。もちろん「風呂掃除が大好きなんです」という人は、存分に楽しんでください。ただし、特に最近のマンションや一戸建てに備え付けられているバスルームについては、バスタブや浴室の壁・床がすべて抗菌素材で作られているため、実際のところほとんど掃除が必要とならない作りになっています。お風呂上りに冷水のシャワーで石鹸やシャンプーをきちんと洗い流しておくことによって、カビや汚れについてはさほど心配する必要がありません。

ただし、この「手抜き」を行うためには、いくつか前提があります。まず、浴室内に余計なモノがないこと、です。浴室内に必要なモノは次の通りです。

◉シャンプー（1種）
◉コンディショナー（1種）
◉石けん（1種）

お風呂グッズをこの程度の量に絞り込めていれば、お風呂に入るときに、小さなカゴに入れて浴室内に持ち込み、お風呂から上がるときには浴室から持ち出すことができます。そうすれば、浴室内には基本的に「何もない」状態を作ることができます。

浴室内に何もなければ、シャワーでシャンプーや石けんの残りを流しておけば、水垢やカビに悩まされることもほとんどなくなるはずです。そうした状況を作り上げることさえできれば、洗剤でゴシゴシこするといった「掃除」は必要なくなるのです。

シャンプーやコンディショナーを数種類、あるいは垢すりのスポンジやタオルなどを浴室内に置きっぱなしにしていると、お風呂掃除は大変になります。「……ああ、私のことだ」と思った人もいるでしょう。シャワーで石けんの残りや汚れを流そうにも、それらのモノが邪魔をして、十分に流すことができません。結果として、こびりついた石けんカスなどから、カビをはやしてしまうことになるのです。

つまり「風呂掃除は手を抜こう」ということの真意は**「風呂掃除の手を抜けるぐらい、風呂からモノを減らす」**ということなのです。

ただし、モノを減らしても、風呂の時間を贅沢に過ごすことを忘れてはいけません。お風呂での贅沢な時間の過ごし方については、234ページで解説します。

LECTURE 02

洗濯を愉しむ

洗濯の楽しさは段取りの楽しさ。
洗う・干す・収納するシステムを自分なりに洗練させましょう。

Check Point!

シーツは無印良品で2枚買う

部屋の中でもっとも長い時間を過ごす場所はベッドの上です。一般的な睡眠時間が6〜8時間だとすれば、部屋の中でそれ以上のまとまった時間を過ごす空間はありません。ですから、ベッドの上は、あなたの部屋の中でももっとも快適で、清潔にしておく必要があります。

もちろん、ベッド回りの掃除は重要ですが、睡眠の質を確保するうえでより重要なのは、**シーツをこまめに洗濯しておく**ことです。シーツには好みもあると思いますが、**「洗っていない高級シーツ」よりも「洗濯した安物のシーツ」のほうが快適である**ということは間違いありません。オススメのシーツは無印良品の麻平織ボックスシーツです（**図3－1**）。乾燥しやすく、非常に肌触りのよいシーツですが、値段も手ごろです。これを2枚用意して、こまめに洗濯、乾燥させ、交換しながら使う。そうすれば、昼間の疲れをすっかりリフレッシュできる「気持ちのよい睡眠」を手に入れることができるはずです。

［図3-1］

麻平織ボックスシーツ

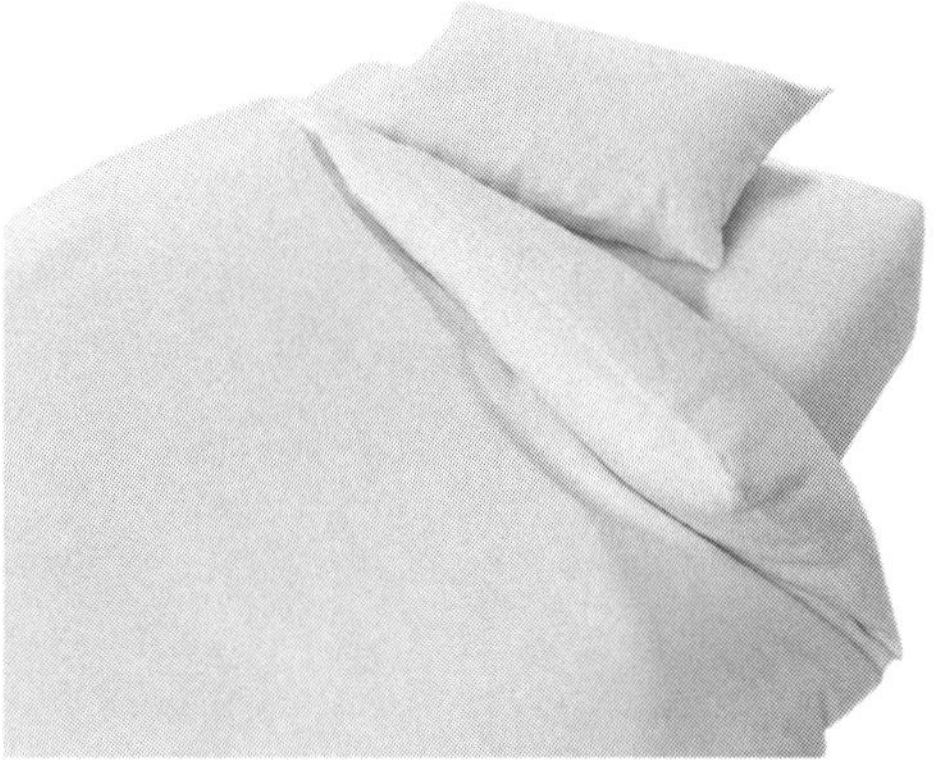

麻平織ボックスシーツ・シングル
税込5,145円

シーツの洗い方・干し方

シーツを上手に洗濯するコツは、次の4点です。

●同じシーツを2枚買う
●ベッドの近くに使っていないシーツをしまっておくスペースを作る。
●3〜4日に1回ペースでシーツを替える（古いシーツは洗濯物置き場に移動させ、洗濯の流れに乗せる）
●シーツは通常の洗濯物に比べて乾くのに時間がかかる。洗濯1日、乾燥1日、収納1日と考え、3日を1単位でスケジュールを計算する。

シーツの洗濯と乾燥について大切なことは「洗濯の道」を整えておくこと。それがすべてです。シーツを丸洗いできる洗濯機や洗濯ネットも必要です。

また忘れてはいけないのが、干し場の整備です。最低限、物干しざおを2本用意しておかないと、シーツは上手に干すことができません。浴室乾燥機を使う場合は、浴室内に突っ張り棒を張って、スペースを確保してもよいでしょう。

シーツを洗うのが面倒だと感じる理由は、シーツを干すのが面倒だからです。ではなぜ、シーツを干すのは面倒なのか。理由は簡単です。シーツは大きいからです。ベッドのサイズにもよりますが、2メートル×1メートルを超えるような大きな布を干すわけですから、それに適した場所を、意識的に確保しておく必要があります。選択肢は通常の洗濯物と同じく浴室かベランダしかありませんが、はっきりと「シーツをどのように干すか」というルールをあらかじめて決めておくと良いでしょう。

また、他の洗濯物と同時に乾かすことは難しいので、シーツを洗い・干すのは、他の洗濯物のルーティンからは外しておくのがポイントです。干し方としては、「M字干し」がオススメです（**図3－2**）。

こうすることによって空気の通り道が多くなり、早く乾かすことができます。季節によって、乾くまでの時間は違いますので、自分なりに把握しておきましょう。乾かしすぎるとパリパリになって心地よく眠れませんので、注意が必要です！

[図3-2]

シーツのM字干し

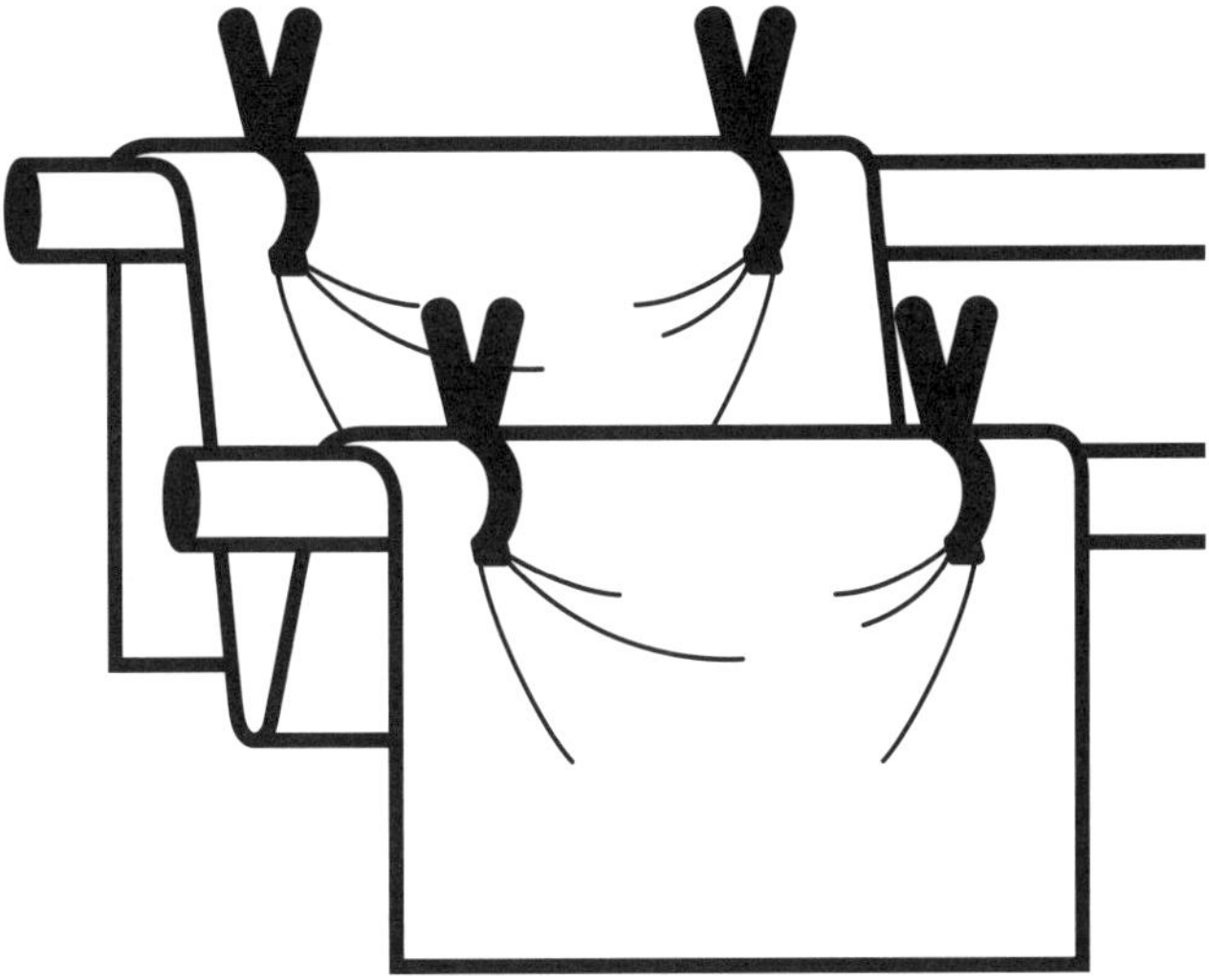

洗濯物カゴがいっぱいになったら洗濯する

洗濯の道を整備した際、「どうして洗濯物カゴなんて必要なのかな」と疑問に感じた人もいるかと思います。**洗濯物カゴを使う目的は「洗濯物を、洗濯機に直接放り込まない」ため**です。湿気を含んだ洗濯物は、菌が繁殖しやすくなっています。洗濯槽に入れたらすぐに洗濯を始めないと、あっという間に菌が繁殖してしまいます。実はこれが「部屋干し」をした際に発生する「嫌な臭い」の原因です。逆に言えば、「洗濯槽の中に長時間洗濯物を放置する」ことさえ避ければ、雨の日などに多少部屋干しをすることになっても、「嫌な臭い」を最低限に抑えることができるのです。

快適な生活のため、洗濯物カゴはぜひとも導入しましょう。サイズは、洗濯機のサイズによって違いますが、一般的な6〜8kgサイズの洗濯機であれば、45cm×45cmのカゴがベストです。なぜこのサイズが良いかというと、このサイズに入りきる洗濯物の量が、洗濯機1回分とぴったり同じになるからです。

つまり、**洗濯物カゴがいっぱいになるたびに洗濯機を回す**というサイクルが自然と促されます。洗濯物カゴがいっぱいになっていると、自然と洗濯機を回したくなる。**「洗濯の流れ」を生み出すのは、「洗濯しなくちゃいけない」という義務感ではなく、洗濯物カゴのサイズなのです。**

タオルは何枚必要なのか？

日々の生活の中で使うタオルは、バスタオルとハンドタオルの2種類が必要です。どちらも「今治タオル」の白無地で統一するのがオススメです。枚数は、バスタオル3枚と、フェイスタオル6枚。これが1人分の最低限の枚数です。バスタオルについては、「使用中」「洗濯・乾燥中」「ストック」の3枚。フェイスタオルについては、「キッチン用」「トイレ用」「洗面所用」としてそれぞれ2枚ずつで計6枚という計算です（**図3－3**）。

これは1人分の枚数の目安です。もしも家族でバスタオルを共有しないのであれば、

［図3-3］

タオルの枚数の目安

バスタオル

使用中	洗濯・乾燥中	ストック

3枚

フェイスタオル

キッチン用	トイレ用	洗面所用
キッチン用	トイレ用	洗面所用

6枚

「人数×1人分の枚数」が必要になります。一方、家族でバスタオルを共有するのであれば、せいぜいこの枚数に、2人なら2枚、3人なら3枚と人数分の枚数を足しておけば十分足りるでしょう。

この程度に枚数を絞っておくと、タオル置き場には、バスタオル1~2枚、ハンドタオル2~3枚程度しか置かれていないという状況になり、スペースに余裕が出ます。スペースに余裕があれば、「流れ」が良くなります。例えば、たたんだバスタオルが10枚ほどタオル置き場に置かれていたらどうなるでしょう。きっと使用されるのは上の2~3枚だけで、下に置かれたタオルはずっと使われないままでしょう。

「バスタオルを何回使った時点で洗うか」については意見が分かれるところだと思います。ただ、1回使うごとに洗濯するのは不経済であることと、タオルがすぐにかたくなって肌触りが悪くなってしまうので、オススメしません。目安としては、3回~5回使ったところで1回は洗う、という程度が良いのではないでしょうか。

目指すは出かける前の「アイロンがけ」

洋服を処分するとき、「自分に似合う、本当に良い服のみを残す」という少数精鋭主義をオススメしました（121ページ）。繰り返しになりますが、真のオシャレは「さまざまな服を着こなす」ということではありません。なぜなら、ある1人の人に似合う服は、決まっているからです。もっと言えば、ファッションにはそれぞれの人にとっての「正解」があるのです。

例えば、イタリアの首相を務めたベルルスコーニは、専属の仕立て屋を雇うようなオシャレな国家元首でしたが、基本的には同じスーツ姿で通しました。また、元アップルCEOのスティーブ・ジョブズのジーンズと黒いシャツなども典型ですが、真にオシャレな人は、自分に似合うスタイルというものを知っているのです。ファッションについて自分なりの「正解」を知っている人は、たくさんの洋服をクローゼットにしまう必要はありません。

ファッションにおいて重要なことはバリエーションよりも、清潔感です。自分に良く似合う服をきれいに洗濯して乾かし、きちんとアイロンをかけて着る。これがどんな高価な服を買うことよりも、どんな流行の最先端を追いかけることよりも、間違いのないオシャレなのです。

洗濯し、乾かし、アイロンをかけてお気に入りの洋服に「命を吹き込む」。その作業は楽しいものです。特に、ヘヤカツによって多くの服を処分したあなたの手元に残った服は、お気に入りのものばかりのはずです。お気に入りの服に丁寧にアイロンをかけることが、真にオシャレな人の生活の愉しみ方なのです。

アイロンをかけるタイミングは2パターンあります。ひとつは乾燥させた洗濯物を取り込んだとき。もうひとつは、出かける前です。後者のほうが「上級者」であることは言うまでもありません。出かける前のわずかな時間、それこそ10分ほどの時間で手早くアイロンをかえたシャツに袖を通す。これほど「かっこいい」スタイルがあるでしょうか。

「出かける前のアイロン」という技を使うためには、テーブルの上には何も置いておらず、アイロンをすぐ出せる場所にしまってあることが前提となります。つまり、3つの道を通し、流れのある部屋を作った人だけが、「出かける前のアイロン」という高等技術を繰り出せるのです。

アイロンがけの時間というのは、部屋で過ごす時間の中でも、もっとも贅沢な時間のひとつです。テーブルの上にアイロン台を広げ、服を1枚ずつ、アイロンがけする時間を存分に楽しめるレベルを目標にヘヤカツに取り組んでください。

自分でアイロンをかける男はモテる

男性読者の皆さんは、女性にモテたいなら「アイロンの達人」になりましょう。なぜなら、女性はアイロンが好きだからです。アイロンのパリッとかかった服が好きなのはもちろん、アイロンのパリッとかかった服を着ている男も好き。アイロンのパリッとかかった服を着ている男を見ると、つい好感を持ってしまう。だから、そのまま恋愛感情にまで発展する可能性も大きいのです。

さらに重要なことは、女性は「アイロンがけが好きな男も好き」ということ。自分でアイロンをかけたパリッとした服を着ている男を見ると、それだけで恋に墜ちてしまうことだってあるんです。

アイロンがけにはもうひとつ、大切な効果があります。それは、「アイロンがけ」をすることで、心にも「アイロンがかかった」気持ちになること。アイロンをかけるという作業に集中していると心がクリアになり、会う相手に素直に向き合えるようになるのです。いわば、アイロンがけがある種の瞑想効果をもたらし、雑念が追い払われて意識がクリアになってくる。それがさらなる「モテ」を呼び寄せるのです。

男性諸氏、もし女性にモテたかったら、ぜひアイロンを好きになることをオススメします！

オススメのアイロンは、パナソニックのドライアイロンＮＩ－Ａ６６（**図３－４**）。とてもシンプルで使いやすいアイロンです。

コニタンの
ワンポイントアドバイス

アイロン好きはなぜモテる?

ところで、どうして女性はアイロン好きな男が好きなんでしょう。それは「自分と会う前にアイロンがけをしている」ということが、その女性を大切にしている、というメッセージとして伝わるからです。アイロンがけというのは(一般的には)とても面倒くさいものだと思われています。面倒くさいことをわざわざやるということが、その女性に「気を遣っている」ということになるのです(もちろん、ちゃんと「ヘヤカツ」をやっているあなたにとっては、アイロンはまったく苦にならないのですが)。

アイロンがけに限らず、世界中のいわゆる「正装」というものは、どれも着るのが面倒くさいものばかり。モーニングや紋付き袴、十二単などその典型です。そういう面倒くさい服を着ることが、会う相手に気を遣っていることになる。ネクタイなんかもそう。締めているだけで相手に「わざわざ面倒くさい格好をしてもらった」と思ってもらえる。それが、対人関係の「気遣い」につながるのです。

［図3-4］

パナソニックのドライアイロンNI-A66

腕に負担の少ない軽量タイプ。レトロ感覚のデザイン。かけ面はのりのつきにくいフッ素コート加工。

LECTURE 03

食器洗いを愉しむ

最高の食器を何度も使い、何度も洗いましょう。「食」は器で愉しみ、器を洗うことで完成するのです。

Check Point!

最高の食器をそろえよう

ヘヤカツによって食器を厳選し、不必要な食器を処分したあなたの手元には、最高の食器しか残っていないはずです。

ここで、「最高の食器」とは何か、ということについて、少し考えてみましょう。最高の食器とは、「食事が美味しく見える食器」です。では「食事が美味しく見える食器」というのはどういう食器かというと、実は、基本が決まっています。それは古伊万里に代表されるような、「白地に青」の食器なのです。

東洋だけでなくマイセンやロイヤルコペンハーゲンをはじめとして、ヨーロッパの食器の多くにも、白地に青の食器は広がっています。これほど多くの料理を楽しめる食器というのはほかにはありません。もちろん、それ以外の色にも素晴らしい食器はありますが、基本は白地に青と覚えておくと良いでしょう。

食事は目で愉しむ

チャールズ・スペンスというオックスフォード大学の心理学教授がいます。彼が行った視覚と味覚の関係についての研究によると、料理の味を私たちが判断するときに頼っている感覚の1位は視覚であり、味覚と嗅覚は同率2位なのだそうです。みなさんもちょっと思い返してみてください。目をつぶって食事をしたとして、はたしてまともに味わうことができるでしょうか。

よく「見た目はどうでもいいよ、口に入れば一緒だから」などという人がいます。でも、そうした発言は実は迷信で、まったく科学的ではありません。**食事は見た目こそ重要なのです。すなわち「どんな器に、どのように盛りつけられるか」でまったく味が変わってしまう**のです。

良い食器は、どんな料理の味もアップさせる魔法の調味料です。デパートやスーパーで惣菜を買ってきた場合も、プラスチック容器でそのまま食べるのではなく、必ず自分のお皿に移す。そのひと手間だけで、料理の味は何倍にもアップするはずです。

同じ皿を使い続けることで味覚が鋭敏になる

良い食器を手に入れたら、他の食器に浮気をせず、繰り返し使うようにしてくださ い。朝、昼、晩で食器を変える必要もなければ、料理の種類によって変える必要もありません。「白地に青」の食器は、和洋中を問わず、何千年の食文化の積み重ねの「ファイナルアンサー」なのです。

「良い食器」を手に入れたら、その「一枚」を使い続けましょう。「毎日違う皿じゃないと飽きそう」と思う人もいるかもしれません。しかし、実際に、毎日毎日、同じ食器を使い、食事をし、洗い物をして繰り返し使っていくと、**「この一枚の皿」に対する感覚が磨かれていきます**。「この一枚の皿」への感覚が磨かれていくと、味覚がどんどん鋭くなっていきます。毎日同じ皿を使っていなければ、「皿が変わった」のか、「料理そのものの味」が変化したのかの判断がつきません。

イチローが同じバットやグローブを使い続けるように（137ページ）、同じ皿、同じグラスを使い続けるようにしてください。私たちは同じ皿をずっと使い続けるこ

とによってはじめて、食事の際の自分の体調の変化、料理の変化、気温の変化、湿度の変化に気づくことができます。そのような人生を送っている人は、きっと日々の生活の中のほんの小さな変化に気づいて、その小さな変化に驚き、そして大いに楽しむことができるようになります。

「食器洗い」がセイカツを豊かにする

「食器洗いの道」を作っておけば、食器洗いは苦にならないはずです。「良い食器」を手に入れたら、それを繰り返し使い、使ったらすぐに洗うよう心がけましょう。使ったらすぐに洗うことによって、食器にとっては「キレイな時間」が長くなります。汚れたものが放置されている時間が長ければ長いほど、キッチン、ひいては部屋の空気が淀んできます。反対に、キッチンをはじめ部屋中に「キレイなものばかり」という時間が長ければ長いほど、部屋の空気はキラメキを持ってきます。

そして、同じ食器を繰り返し使い、丁寧に洗っていくと、その食器はどんどん価値を増していきます。江戸時代の古伊万里には、１００万円を超える価値を持つような皿があります。時を経るにしたがって価値が下がっていくのは「安物」です。良い物は時を経れば経るほど、使えば使うほど、価値が高まっていくのです。みなさんも、ぜひ安物の皿を我慢して使うのではなく、年月とともに価値が増していくようなお皿を使って気持ちよく、食事と食器洗いを楽しみましょう。
「食器洗いは面倒くさいなあ」と思ってしまう人は、「食器洗いの道」が通っていないのに加えて、自分が本当に好きな「良い食器」を洗っていないことも多いのです。自分が心の底から気に入っている良い食器を使っている人は、食器を洗うのも楽しくて仕方なくなるはずです。

フライパンなどの調理器具でも同じことが言えます。安物のテフロンのフライパンは、使えば使うほど、加工がはがれて性能が落ちていきます。確かに、鉄製のフライパンは使用後に油で拭かなければ錆びてしまうなど、手入れにはひと手間かかります。しかし、使い続けることによって確実にその性能を増していきます。さて、どちらのモノの方が生活に輝きを与えてくれるでしょうか。フライパンひとつとっても、それは「調理」だけでなく、あなたの「生活」に大きな影響を及ぼします。

［図3-5］

「良いもの」は使えば使うほど、価値が増していく

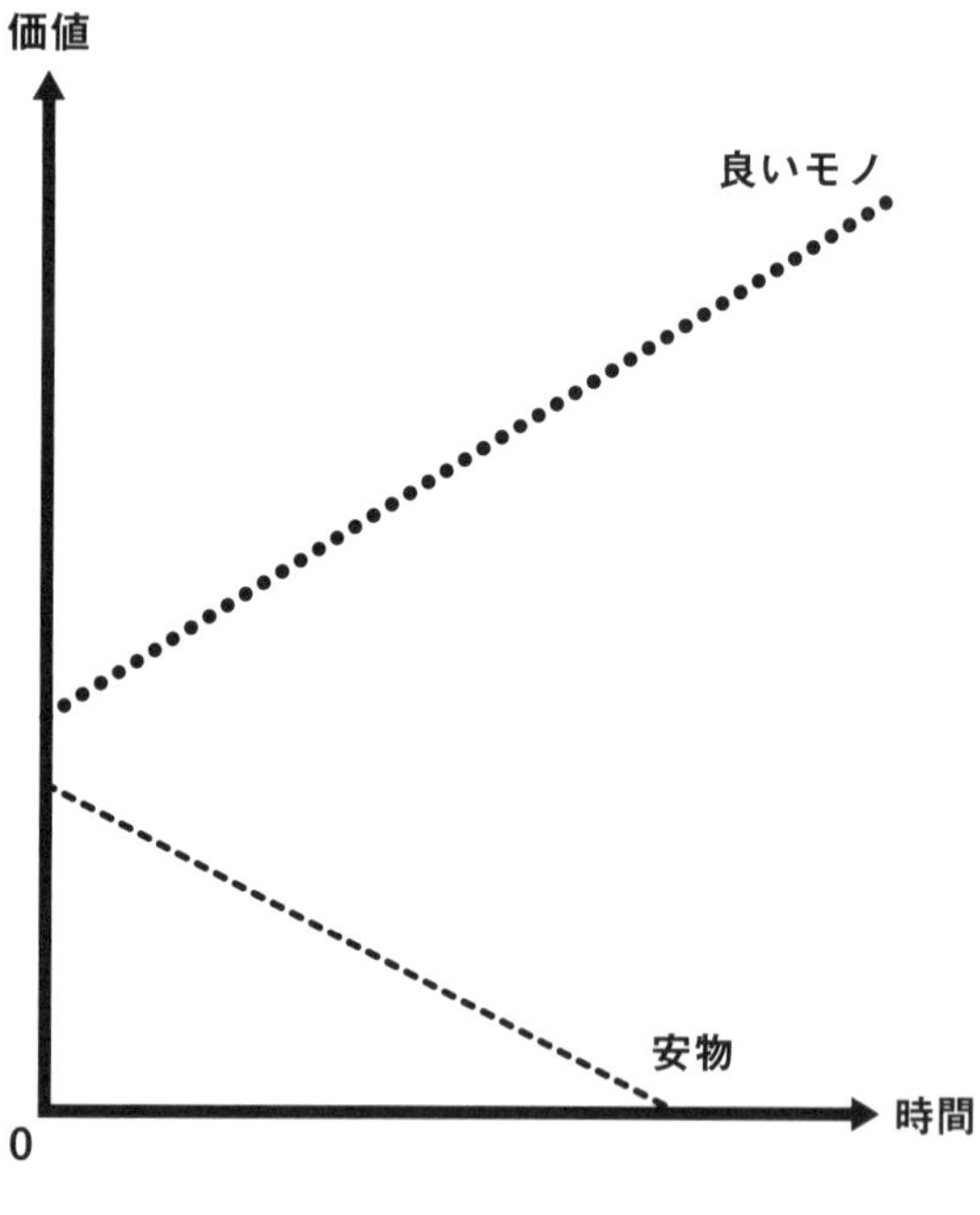

LECTURE 04

トイレは
部屋の永平寺
である

トイレ掃除、拭き掃除は精神修養に効果的。やればやるほど心が落ち着き、仕事やプライベートに良い影響を与えます。

Check Point!

トイレは部屋の永平寺である

トイレ掃除は、掃除の山場です。トイレというのは、一般的に言ってもっとも掃除することへの抵抗感が強い場所です。その一方で、「トイレが汚い」というのは、そこに住む人にとって、もっとも耐え難い状況のひとつと言えるでしょう。

掃除をしたくないけれど、掃除したほうがいい。つまり、**トイレというのは部屋の中でもっとも、葛藤の強い場所である**ということです。そういう意味では、トイレというのは思索の場であり、修行の場でもあると言えます。いわば「トイレは部屋の永平寺」なのです。ここをきれいに掃除し続ける人は、部屋の健康状態をかなり高いレベルに保つことができます。

以下、トイレ掃除へのストレスをできるだけ減らし、トイレを清潔に保つコツについて解説します。

◉トイレブラシ・トイレ洗剤は使わない

いわゆるトイレブラシやトイレ洗剤を使う掃除法では、どうしても「汚れたブラシ」をトイレ内に放置することになります。「汚れたブラシ」があるだけで、トイレが「汚いところ」に感じられますし、「汚れたモノ」を使って掃除をするとなると、気分も滅入ってしまいますね。その悪循環をピタリと止めるためにオススメなのは、トイレットペーパーをそのまま掃除道具にしてしまう方法です。「あっ、ちょっと汚れているな」と気づいたときにトイレットペーパーを数回手に巻いて、トイレの汚れた部分を拭きとり、そのまま流す。これだけです。もちろん、いわゆるトイレクイックルでもよいのですが、トイレットペーパーでも十分に代用できます。

ブラシやトイレクイックルを使わずトイレットペーパーで代用するのは、トイレになるべくモノを置きたくないからです。特に「汚れたモノ」は置いておきたくない。モノが少なければ掃除がラクになるのは、トイレも他の場所も同じです。

◉トイレのフタを上げない

トイレ掃除の負荷を減らすために、ぜひ男性諸氏に取り組んでもらいたいのは、小便を座ってするということです。女性と同じように便座に腰掛けて小便をすれば、便器の外に尿が飛び散ることもありません。掃除もずっとラクになります。

◉トイレマットはいらない

「トイレマット」は不要です。トイレマットは知らず知らずのうちに、はねた尿や、足裏の汗を吸収しています。このトイレマットは、玄関マットと同じく「汚れた状態を隠す」ためのものです。それは「ヘヤカツ」には必要ありません。汚れたら、その瞬間に掃除をしてキレイにしてしまえばいいのです。もちろんトイレマットをこまめに洗濯すれば問題はないのですが、洗濯物を減らすことによって、洗濯がラクになることを考えると、やはり必要ありません。

◉トイレの床には物を置かない

トイレットペーパーがトイレの床に置いてあると、掃除をするときに、それをどかさなくてはいけなくなります。それだけでトイレの床を掃除することが面倒になってしまいます。ストックのトイレットペーパーはトイレ内の収納か、備えつけの収納がないのであれば、「空間の貯金」を使って突っ張り棚の上に置きましょう。「ストックはもういらない」（117ページ）で述べたように、トイレットペーパーを大量にストックすることをやめれば、女性の生理用品のストックなどを含めて、トイレ内の収納に十分収納可能なはずです。

トイレットペーパーは、最後の1個になってからでも、案外数日ぐらいはもつものです。「なくなったらどうしよう」という余計な不安にかられてトイレ内の貴重なスペースを占有してしまうのはやめましょう。

拭き掃除で「心」を磨く

クイックルワイパーで床を磨いたり、布巾でテーブルを磨いたりするのは、非常に気持ちの良いものです。これは、やってみるとわかります。禅寺などでは雑巾がけなどの作務が重要な修行であり、精神修養として位置づけられていますが、やればやるほど心が磨き上げられていくように感じます。

寿司屋の名店「すきやばし次郎」では、床を拭いた雑巾が真っ白なまま汚れなくなるまで、床を磨き上げると言われています。そのレベルでなくても、普段から床やテーブルを磨き上げておけば、雑巾も汚れず、雑巾を使うことの心理的抵抗もなくなります。

拭き掃除については、キッチンの掃除についても触れておきましょう。料理の際に飛び散った油などがあるため、キッチンの拭き掃除は、大きな負担になると考えている人も多いと思います。どうすれば、キッチンをキレイに保つことができるのか。

まず、キッチンマットを取り払いましょう。水や油が床に飛び散ったらその都度拭き取る。そうすれば、汚れがたまることもなく、いつも清潔になります。キッチンマットを敷きっぱなしにしていると、結局はそこに「汚れをためる」ことになります。また、キッチンマットを洗おうとすると結局家事全体の負担が上がってしまいます。汚れはできるだけすぐに見つかる状況にしておく。そして、汚れを見つけたら、すぐに拭きとる。それだけで、キッチンは見違えるようにキレイになるはずです。

Chapter 4

最高の部屋で、最高の生活を送る

LECTURE 01

テーブルは部屋のメインステージ

テーブルは部屋のメインステージです。決してモノを置きっぱなしにしてはいけません。

Check  Point!

家具をバージョンアップさせる

部屋に3つの道を通し、掃除、洗濯、食器洗いの極意を学んだあなたは、すでに「ヘヤカツ」の達人です。

ここからは、部屋の力をさらにアップさせていくポイントについて解説します。まず、部屋に置いた家具についてもう一度考えてみましょう。部屋に最低限必要な家具は3つありました。

- **◉ベッド**
- **◉テーブル・椅子**
- **◉本棚**

これらの必要最低限の家具については、ここまでは基本的に手持ちのモノを活用することを前提に解説してきました。しかしここまで「ヘヤカツ」を進めてきたあなたであれば、おそらく、これらの家具を買い替えたくなってきていると思います。「ヘヤカツ」によって部屋のクオリティが上がってくると、それに見合った家具がほしくなるのは当然のことなのです。

ただし、買い替えるときには手の届かないような超高級家具を目指す必要はありません。もちろん良い素材を使い、丁寧に仕上げられた高級家具には高級家具の良さがあります。しかし、より大切なことは、あなたが「ヘヤカツ」によって作り上げてきた「部屋の流れ」をよりパワーアップさせる、そういう家具を手に入れ、自分で使い、磨き上げていくことなのです。

また、「ヘヤカツ」によって、部屋にスペースが生まれれば、新しい家具も置きたくなるでしょう。家具が減ったことによって、壁の白い面が見えてくれば、絵や写真、あるいは観葉植物を飾ろうか、という気持ちも生まれくるでしょう。ただ、そのときに、必ず「部屋の流れ」を阻害しないか、チェックを忘れないでください。そうしないと、あなたがせっかく手に入れた「余裕ある空間」は、すぐにあなたの手元から去ってしまいます。

部屋に家具を追加したり、今持っている家具を買い替えたりするときには「部屋の流れ」に立ち返る。それだけに気をつけておけば、「ああ、間違っておかしなサイズのものを買ってしまった」「買ってみたけど、ほとんど活用できなかった……」ということがなくなります。

アンティークなテーブルと椅子を「育てる」

テーブルと椅子は、木製で、長く使える作りのしっかりとしたものを選びましょう。それほど高価なものでなくても大丈夫です。大切なことは、**テーブルと椅子を毎日布巾で磨き上げる**ということです。

食事の後のテーブルは固く絞った布巾で水拭きをしますが、それ以外のときは、乾燥した布巾で乾拭きしてください。木製の家具は、乾いた布で磨けば磨くほど、味わいが出てきます。

テーブルや椅子を磨くのは、清潔にしておく意味ももちろんありますが、それ以上に、家具を「育てる」ことにつながるからです。大切に使い、磨き上げられた家具の価値は、時間とともに上がっていきます。みなさんもぜひ、毎日自分の机や椅子を磨き、丁寧に使うことによって、何十年後か後には100万円の値がつくようなアンティークテーブルや椅子を育て上げてみてください。

本書でオススメするのは、おなじみ無印良品の無垢材のテーブルとイスです。テーブルのサイズと椅子の数は、「その部屋に住む人の数＋1」必要になります。サンプルケースは夫婦2人暮らしですので、3人が椅子に座り、ストレスなく食事できるサイズのテーブルを選んでください。

テーブルは部屋のメインステージである

あなたの部屋のテーブルの上には、何が乗っていますか？　パソコン？　飲みかけのコーヒーの入ったカップ？　お菓子？　タバコ？　花を生けた花瓶？

そういったモノはすべて、テーブルの上から撤去してください。テーブルの正しい使い方は、「何も置かない」ことです。何かするときにはテーブルの上に持って来て、

[オススメグッズ]

無印良品の机と椅子
無垢材のテーブルと椅子
安価で質がいい

オーク材チェア　税込13,000円

無垢材テーブル1・オーク材　税込49,000円作業が終わったらテーブルから撤去させる。それが正しい「テーブルの使い方」です（図4―1）。

パソコンはデスクトップタイプではなく、ノートPCを使います。ノートPCは普段、コンセントにつないだ充電状態で収納しておき、使うときにはコンセントなしで使えばコードレスで使用できます。インターネットは無線LAN、プリンターなどの周辺機器のWiFi接続を使うことによって、パソコン周りはできるかぎりコードレスの環境を整えます。

食事のときには食器を出し、食べ終わったらすぐにシンクに持っていって洗います。アイロンをかける場合、新聞や書類、書籍を読む場合も、終わったら片づけて、テーブルの上からは「何もない」状態を作るようにします。

テーブルの上はさながら一日に異なる演目が複数行われる「舞台」のようなものです。何も演目が行われていない舞台の上に余計なモノが置かれていては、次の公演に差しさわります。常にモノを置かず、生活に保たれたテーブル＝舞台こそが、あなたの生活の質を上げるのです。

[図4－1]
正しいテーブルの使い方

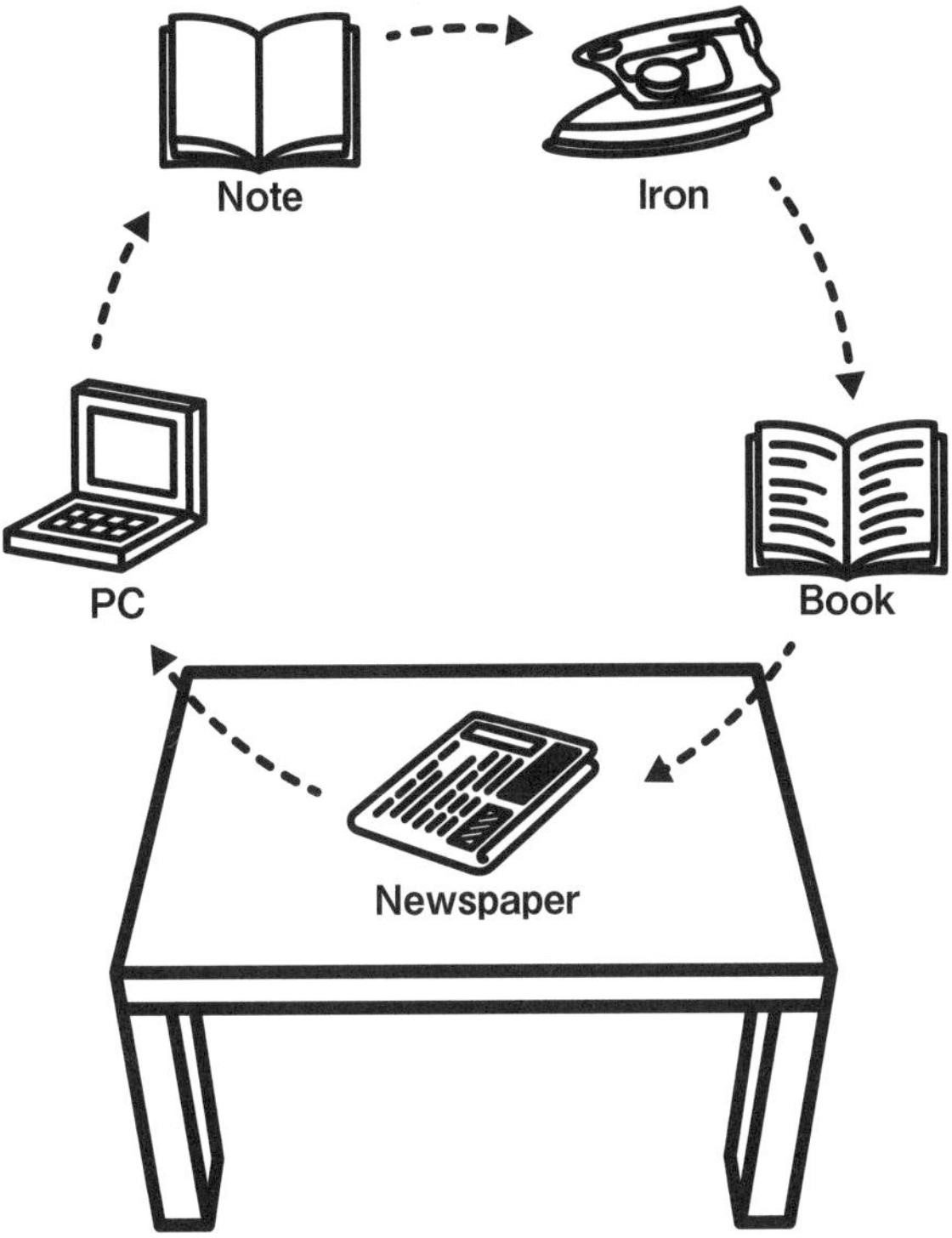

LECTURE 02

本棚は来客者向けエンターテイメント空間

本棚は収納場所ではなく、来客者とあなたが「知」の交流をする、エンターテイメント空間です!

Check Point!

本棚は「自己演出」のためのスペース

本棚は、収納スペースではなく、自己演出のためのスペースです。もちろん仕事によって、あるいは趣味によって、そこに置かれる本は異なるでしょう。しかし、そこに本を置く目的は、自分や、部屋を訪れる訪問者に「見てもらう」ことなのです。

海外からのエグゼクティヴも多数訪れる、日本有数の高級ホテルにパークハイアット東京があります。そのフロントは新宿パークタワー41階にあります。エレベーターに乗って41階で降りると、フロントに続く廊下があり、その両サイドには、まるで図書館のように大量の本が並べられています。その光景は圧巻で、パークハイアット東京を訪れた人のほとんどの人が、強い印象を受けます。

ここで考えていただきたいのは、高級ホテル・パークハイアット東京がホテルの玄関口であるロビーにそういった空間を作った理由です。間違ってもホテルのフロントに行く途中で本を読もうという人はいません。つまり、これはあきらかに「見てもらう演出」なのです。来訪する客が、こういった本を好む知的で、エグゼクティヴな階級にあることを演出しているわけです。

部屋における本棚も同じです。だからこそ、部屋の中でもっとも目立ち、映える場所に本棚を置く必要があるのです。また、本棚が「見せる」ためのものである以上、引き戸や観音開きの戸がついているタイプでは意味がありません。オープンなものを選びましょう。そうでなければ、本棚が本棚である意味はないのです。

どんな本を置くかが勝負

本棚に「どんな本を置くか」ということは、「どんな本を実際に読むか」ということ以上に、あなたが知恵を絞るべきポイントです。これには必ずしも正解はありません。例えば、学術書など「知的な本」を並べれば「賢い人」だと思ってくれる人もいるかもしれませんが、「こいつは見栄をはっているだけじゃないか」と疑う人もいるでしょう。そうすると、せっかくの演出が逆効果となって、かえって底の浅い人間だと思われてしまう危険性が生じてしまうこともあります。このように、本棚は、あな

[オススメアイテム]

無印良品
スタッキングシェルフ

部屋のサイズに合わせて縦にも横にも広げられるシェルフ
スタッキングシェルフセット・3段×2列／オーク材
税込25,000円

たと来客者の間で駆け引きを行う、エンターテイメントの舞台なのです。

必ず守っていただきたいルールは、ひとつの本棚に置く本の量です。例えば、横に40冊並べることができる本棚であっても、ぎっちりと40冊詰め込むことは避けましょう。一列ぐらいならまだしも、すべての列にぎっしりと詰まった光景は息苦しい。来客者も、そうした本棚を見て、「ああ、この人は余裕がない人なんだな」という印象を受けてしまうかもしれません。ましてや、本の量が増えたからといって横にして積み上げてはいけません。余裕を持った冊数に絞り込み、本棚の一番いい場所には、表紙を見えるように面で立てるなどして、本棚をあなたなりに演出しましょう。

コニタンの
ワンポイントアドバイス

謎めいた本棚を作ろう!

本棚を演出するうえで重要なポイントは「意外性」です。異性関係でも同じですよね。ちょっと悪そうで、無口な印象の強かった男性が子供や小動物のことをかわいがっていたりすると、グッときてしまいます。「そんな単純な」と思われるかもしれませんが、意外性というのはエンターテイメントの基本なのです。

例えばちょっと知的な文芸書の隣にマンガを置いておく。あるいは美術書の隣に『もしドラ』が置いてあってもいいですね。

大切なことは、その本棚を前にした人の心に「謎」が生じること。「謎」というのは人の心を湧き立たせ、コミュニケーションの出発点を作ってくれます。訪れた人との会話のきっかけになるような本棚を作りましょう。

LECTURE 03

部屋を「非日常」に演出する

観葉植物、入浴、化粧……。ヘヤカツの達人だけが、部屋を飾り、部屋をレジャー化する特権を得るのです。

Check Point!

観葉植物は「大きさ」と「置く場所」に気をつけて

緑の観葉植物のある部屋は、それだけで気分が少し高まります。これは気のせいだけではなく、科学的な根拠もあります。緑の葉を持つ植物は光合成によって二酸化炭素を減らして酸素を供給するほか、葉や植木鉢の土から、適度な加湿効果も得られるのです。観葉植物を置いておけば、いわゆる加湿器などは必要なくなります。
また、ホルムアルデヒドなどの有害物質を吸着・分解する空気清浄効果が期待できるということも、いくつかの観葉植物で確認されています。

◉空気清浄効果の期待できる観葉植物

オリヅルラン
サンセベリア
（通称・幸福の木と言われる）ドラセナ・フラグランス
ポトス

アグラオネマ

観葉植物を飾るときに注意してほしいのは「大きさ」と「配置」です。ここまで読んできたみなさんには言うまでもないことですが、「掃除の道」「洗濯の道」「食器洗いの道」を邪魔するようであれば、観葉植物を置くことは部屋の機能をむしろ低下させてしまうので、ご注意ください（**図4－2**）。

レジャーとしての入浴

お風呂は単に「身体を清潔にする場所」ではなく、部屋の中でももっとも楽しく、レジャー性の高い時間を過ごせる空間に育てましょう。お手本となるのはリゾートホテルのバスルームです。バリ島などのリゾートホテルのお風呂は広く、明るく、心地よい空間として演出されています。それ自体がホテルで過ごすレジャーサービスとして、重要な部分を占めています。お風呂がすばらしいホテルは、それだけでも高い評

[図4-2]

観葉植物の置き方

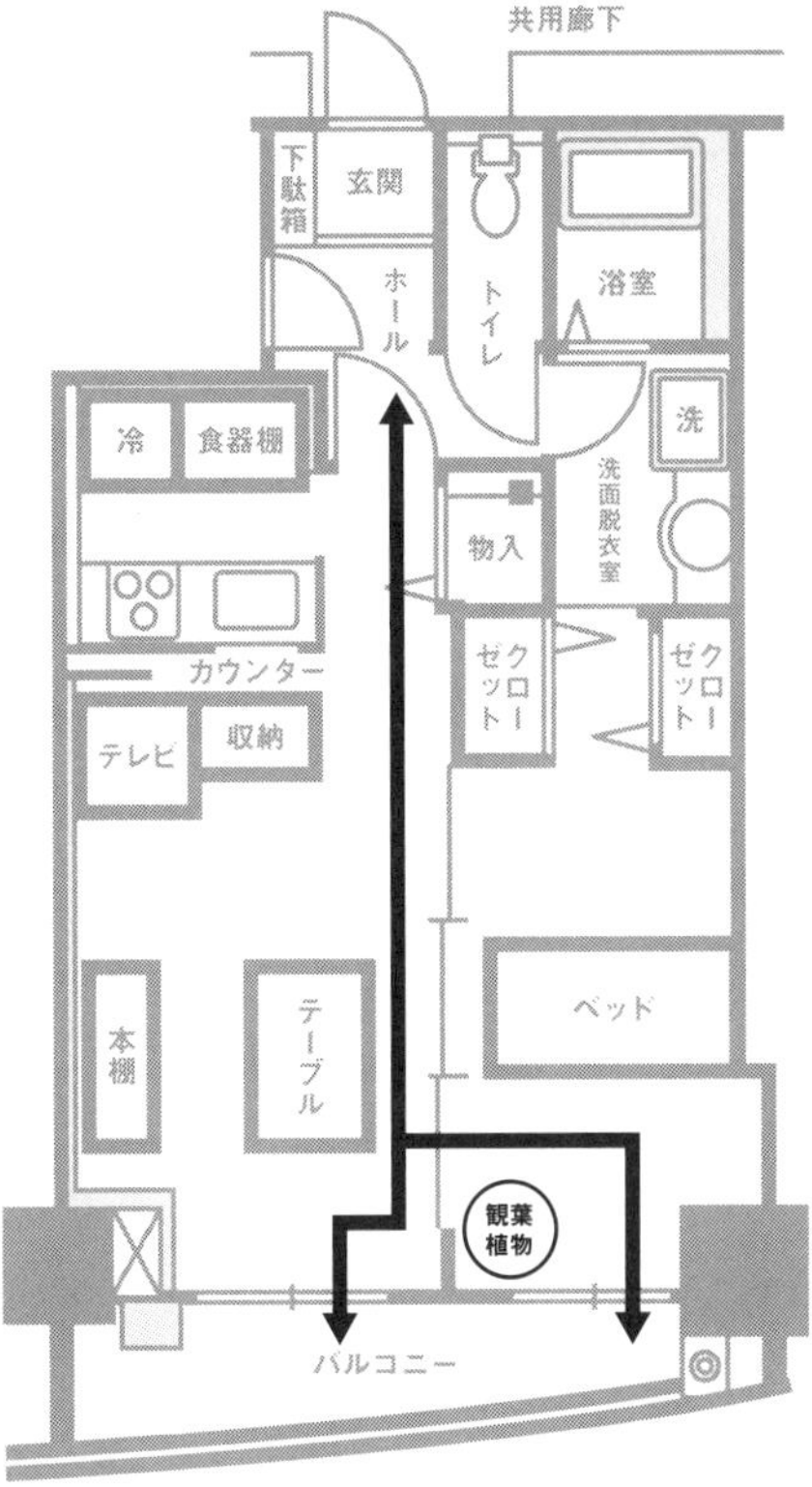

部屋の「道」を邪魔しない観葉植物の置き方

価を得ることができるのです。

マンションの部屋では、残念ながらリゾートホテルのようなお風呂ほどのスペースを確保するのは難しい。しかし、バスルームそのものは機能性の高い、抗菌素材でできているため非常に清潔です。工夫次第ではビジネスホテルなどよりよほどリッチで、レジャー性の高い空間を演出することが可能です。

まず、すでに述べたように、お風呂に余計なモノを置いてはいけません。もともと狭いマンションのお風呂を、モノを置いてさらに狭くしては、リッチな入浴タイムから遠ざかってしまいます。

そのうえで、お風呂に持ち込むシャンプー、コンディショナー、石けんの3点を、最高級の物に買い換えます。もし今使っているシャンプーが500円だったとするならば、その10倍の5000円のシャンプーに買い替えてみる。「いつも詰め替え用で、しかも、数十円分の安売りを狙って苦労しているのに、10倍もするシャンプーを買うなんてありえない！」と思う人もいるでしょう。しかし、騙されたと思って、一度試してみてください。コストパフォーマンスは抜群です。高級なシャンプーの香りに包まれることによって、お風呂の空間と、そこで過ごす時間の意味はまったく変わるからです。

そのことによってもたらせる心身のリラックス効果は、居酒屋やファミレスでの食事を1回減らしてでも、数千円を余分に支払うだけの価値は必ずあります。また、ボディソープはやめて、石けんに統一しましょう。これもできるだけ良い石けんにしてみてください。泡立ちと香りがまったく違います。

お風呂を変えるうえでやるべきことは余計なモノを置かず、シャンプー、コンディショナー、石けんを良いものに変える。これだけです。たったこれだけのことで自宅のお風呂をリゾートホテルに近づけることができます。

また、お風呂から上がった後のバスタオルも、入浴タイムを充実させるうえでは重要なアイテムです。肌触りのよいバスタオルを用意しましょう。オススメは、洗濯の項でも紹介した「今治タオル」です。

夜、お風呂に入ってから寝るという人も、朝、シャワーを浴びてから仕事に行くという人も、お風呂の空間をセレブにしておくことで、最高の一日を過ごせるようになるのです。

ドレッサーで部屋を「楽屋」にする

化粧については基本的に女性を対象としますが、その背景にある基本的な考え方は、男性も取り入れるべきものがあります。それは、**「部屋とは人生の楽屋である」**ということです。

私たちは多くの場合、部屋の外で働きます。部屋の外には嫌な上司がいたり、言うことを聞かない部下がいたり、何かと絡んでくるクレーマーがいたりと、ある意味で戦場といってもいいぐらい、過酷な空間でもあります。

女性はその舞台で戦うために、部屋の中で化粧をし、身支度をして出かけるのです。この考え方は、化粧こそしなくても、同じく「部屋の外」で戦う男性も見習うべきでしょう。

ヘヤカツではドレッサーの導入をオススメしていますが、実際問題として、日本の住宅事情ではなかなかドレッサーを置くスペースがないため、洗面所で化粧をしている女性は多いと思います。しかし、洗面所で化粧をすると、ファンデーションその他の粉がどうしても洗面台付近に飛んでしまい、掃除の手間が増えてしまいます。やはり洗面所は「化粧を落とす」のには適していますが、「化粧をする」には適した場所とは言えないのです。その点、ドレッサーを導入すれば、水回りの掃除がだいぶラクになるはずです。

また、化粧をドレッサーの前で集中して行うようにすると、同じ化粧をするにしても、気分が違います。部屋＝楽屋のドレッサーの前で化粧をすることで、これまで以上に勇気を出して、部屋の外＝舞台で活躍することができるでしょう。

そういう観点からも、ドレッサーを置く場所は、できれば部屋の中でも独立したスペースにしましょう。そこに行くとフッと心が集中できるような場所を見つけて、そこを「楽屋」に見立てましょう。

おわりに

「人は変わることができる」

長い間、多くの人を見てきた中でつくづく感じるのは、「人間の『才能』にはそれほどの差がない」ということです。にもかかわらず、「能力」に大きな差が開いてしまうのはなぜだろう？　それは積年の疑問でした。

例えば、同じダイエットの本を読んでも、しっかり体重を落とせる人とそうでない人とがいる。同じ英会話学校に通っても、英語が上達する人としない人とがいる。あるいは、あらゆる道に上達する人とそうでない人とがいますが、この差はいったいどこからくるのか？

そうしたことを考え、うまくいく人といかない人との違いをじっくりと観察したところ、ひとつわかったことがありました。

それは、上達する人は皆、おしなべて「環境作りがうまい」ということです。そして、努力したりがんばったりする以前に、まずは環境から変化させている——ということでした。


環境作りの達人として私たちが注目したのは、元プロ野球選手の落合博満さんです。落合さんは、現役の頃から「有言実行型」として知られていました。

例えば三冠王を目指そうとしたら、まずは皆の前で「三冠王を獲る」と宣言します。そういう言い逃れできない「環境」を作ったうえで、努力し、がんばるのです。

そんな環境作りのうまさが、落合さんが他の選手を引き離す大きな要因となっていました。


それを見て分かったのは、「人間は環境によって変化する」ということです。

例えば、引越しをしたり、職場を変わったりすることで、人間の性格や能力は大きく変わります。引っ込み思案だった子供が、転校をきっかけに明るくお喋りになったり、あるいはその逆のケースももちろんあります。
人は変わることができる――ただしそれは、本人の努力やがんばりによってではなく、周囲の環境に影響を受けるからです。そのため、もし変わるためにできる取り組みがあるとすれば、それは精神力を鍛えたり根性を養ったりすることではなく、周囲の環境を変えていくことなのです。

では、人間にとって最も重要な「環境」とは何でしょうか？　最も影響を受ける場所はどこでしょうか？

それは、言うまでもなく「自分の部屋」です。

人間には、ほとんど例外なく住んでいる「部屋」があります。そして、ほとんど例外なくそこで最も長い時間を過ごしています。

ですから、「部屋」は人間にとって最も重要な「環境」だということができるでしょう。その部屋を変えることができたなら、人は変わることができるのではないだろうか？

例えば、これまでどれほど努力しても成功できなかったダイエットに、成功できるのではないだろうか？　あるいは、どれほど取り組んでも向上しなかった英会話の実力が、めきめきと上達するのではないだろうか？
さらには、仕事でも恋愛でも、これまでうまくいかなかったあらゆることが、どんどんと好転しはじめるのではないだろうか？

人は、変わることができる——それは、その人に特別な才能があったり、人並み外れた努力をしたからではありません。ただ、そういう「環境」にあっただけ、あるいは環境を作るのがうまかったからにすぎません。
つまり、どんな人でも環境さえうまく作れるようになれば、変わることができるのです。そして変わることができれば、これまで抱えていたさまざまな問題を、前向きに解決することができるようになるのです。

この本は、「自分を変えたいと思っているが、これまでなかなかうまくいかなかった人」のために書かれました。そうした悩みを抱えるすべての人に、まずは環境の中で最も重要な「部屋」から変えてみませんか?――というのが私たちの提案です。

私たちは、すべての「自分を変えたい人」を応援します。この本が、そうした人たちの少しでも助けになることを願って、あとがきに代えさせていただきます。

ありがとうございました。

2013年10月　部屋を考える会代表　岩崎夏海

部屋を考える会

人は必ず変わることができる。しかしそれは並外れた才能や努力ではなく、環境によって。「部屋を考える会」は、仕事でも恋愛でも、人生がうまくいかず悩んでいる人に、部屋を変え、人生を変えていくための方法——ヘヤカツ——を伝授すべく結成された。代表は『もし高校野球の女子マネージャーがドラッカーの『マネジメント』を読んだら』の著者、岩崎夏海。人生に行き詰まりを感じているあなたにこの本をお届けします!

http://heyakatsu.com

部屋《へや》を活《い》かせば人生《じんせい》が変《か》わる

2013年11月5日　第1刷発行
2014年11月7日　第8刷発行

著　者　部屋を考える会
ブックデザイン　金澤浩二
写　真　安部俊太郎
発行者　井之上達矢
印刷所　中央精版印刷株式会社
発行所　株式会社夜間飛行
〒151-0051 東京都渋谷区千駄ヶ谷3-16-12
メロディア原宿101
☎ 03-6677-4262 （編集）
0297-85-5381 （販売）
shop@yakan-hiko.com

定価はカバーに表示してあります。落丁本・乱丁本はお手数ですが、
小社販売部（電話0297-85-5381）へご連絡ください。送料小社負担にてお取り替えいたします。

Published by YAKAN-HIKO, INC.
Printed in Japan ISBN 978-4-906790-05-0 C0030

〈部屋を考える会メンバー〉

岩崎夏海……（代表）
小西奈々穂…（エヴァンジェリスト）
浅井　愛……（『マトグロッソ』編集長）
稲垣浩太郎
氏家夏彦……（TBSメディア総合研究所代表取締役社長）
宇野常寛……（『PLANETS』編集長）
海老沢昌宏…（レジェンドクリエイティブ）
大滝　理
岡部　愛……（吉田正樹事務所）
神原一光
菊池拓帆……（『ハックルテレビ』スタッフ）
國武栄治……（レジェンドグループ代表）
小新井涼……（『ハックルテレビ』MC）
光嶋裕介……（建築家）
小林　稔……（株式会社ライフデザイン）
小松尚平……（『ハックルテレビ』AD）
齋藤彰健……（人生を盛り上げる会）
篠原祐太
清水健登……（書生）
清水保宏……（『ハックルテレビ』スタッフ）
杉原光徳……（編集者）
鈴木教久……（電通プロデューサー）
須藤雅世……（源氏山楼）
スメサーストまゆみ
高越温子……（『ハックルテレビ』MC）
鶴崎一夫……（株式会社ライフデザイン）
新村里佳
丸山桜奈……（源氏山楼）
宮原敏久
室屋実帆子…（『ハックルテレビ』スタッフ）
百瀬　旬……（人生を盛り上げる会）
柳内啓司……（テレビマン、『人生が変わる2枚目の名刺』著者）
山口裕子……（株式会社ライフデザイン）
山碕繁雄……（株式会社ライフデザイン）
横山由希子

（50音順）